INFLUENCERS Y PUBLICIDAD

DRA. ISABEL RAMOS HERRANZ
Universidad Carlos III

INFLUENCERS Y PUBLICIDAD

© **Isabel Ramos Herranz**, 2024
© **Editorial Aranzadi, S.A.U.**

Editorial Aranzadi, S.A.U.
C/ Collado Mediano, 9
28231 Las Rozas (Madrid)
Tel: 91 602 01 82
e-mail: clienteslaley@aranzadilaley.es
https://www.aranzadilaley.es

Primera edición: Setiembre 2024

Depósito Legal: M-18851-2024
ISBN versión impresa: 978-84-10308-87-9
ISBN versión electrónica: 978-84-10308-88-6

Diseño, Preimpresión e Impresión: Editorial Aranzadi, S.A.U.
Printed in Spain

Índice General

Abreviaturas

art./arts.	Artículo/artículos
AUC	Asociación de Usuarios de la Comunicación
Autocontrol	Asociación Autocontrol de las Comunicaciones Com.
BOE	Boletín Oficial del Estado
cap.	Capítulo
CNMC	Comisión Nacional de los Mercados y de la Competencia
DSA	*Digital Service Act*
LCD	Ley 3/1991, de 10 de enero, de Competencia Desleal española
LGCA	Ley 7/2010, de 31 de marzo, General de la Comunicación Audiovisual española
LGP	Ley 34/1988, de 11 de noviembre, General de Publicidad española
n.º/nos.	Número/números
párr./párrs	Párrafo/párrafos
op. cit.	Obra citada
P.	Página/s
P.e.	Por ejemplo
S.n	Sin nombre
ss.	Siguientes
STS	Sentencia del Tribunal Supremo español
STJUE	Sentencia del Tribunal de Justicia de la Unión Europea
TJUE	Tribunal de Justicia de la Unión Europa
TS	Tribunal Supremo

UE	Unión Europea
V. gr	*Verbigracia o verbi gratia*
Vid.	Véase

Capítulo I

Precisiones introductorias

1. Los influencers o personas con influencia en nuestras vidas[1] no son un fenómeno absolutamente nuevo, sí en cuanto a la relevancia actual[2]. Ya existían prescriptores de productos o servicios antes de Internet y las redes sociales o las plataformas digitales de contenido en particular. Pensemos en la publicidad realizada en la televisión tradicional desde sus inicios, en la radio tradicional o en prensa escrita; se llevaba a cabo a través de la denominada técnicamente publicidad testimonial: una persona conocida o relevante, *v. gr.* un actor o presentador o conductor de programa, prescribía un producto o servicio para que así el anunciante obtuviera un mayor impacto y en consecuencia un éxito más elevado con su campaña publicitaria.

2. La presencia de los influencers en redes sociales o plataformas digitales de contenido (y en los metaversos) preocupa desde distintas perspectivas y pone sobre la mesa varios intereses en conflicto. Partamos de la base de que los intereses de los destinatarios de la publicidad, normalmente

---

1. HAENLEIN, MICHAEL, ANADOL, FARSNWORTH, ERTAN, TYLER, HARRY, HUNIFHEN, JESS y WELTE, DIANA, «Navigating the new era of influencer markentig: How to be successfull on Instagram, TikTok & Co.», *California Managemente Review,* vol. 63 (1), 2020, p. 17, definen a los influencers en redes sociales como personas con unos amplios y comprometidos *followers* en plataformas de redes sociales que no conocerán a menos que los sigan; hemos de matizar que, como veremos en el texto, estos son un tipo de influencers, pero existen personas ya conocidas o famosas que también operan como influencers en redes sociales o plataformas digitales de contenido.
2. En el mismo sentido FERNÁNDEZ CARBALLO-CALERO, PABLO, «Publicidad encubierta e "influencers". (A propósito de Ley 13/2022, de 7 de julio, General de Comunicación Audiovisual)», *Revista de Derecho Mercantil,* nº 327, 2024, p. 4.

consumidores o usuarios, no son lógicamente los mismos que los de los anunciantes y los influencers, así como tampoco los de los medios o plataformas digitales mediante los cuales se difunden los actos publicitarios. La necesaria protección de los consumidores y usuarios, especialmente además cuando son consumidores y usuarios vulnerables, requiere pararse a reflexionar, investigar y trabajar sobre ello; finalidad que tiene esta obra, sin olvidar la posición en muchos casos legítima de anunciantes, influencers y medios o plataformas digitales de difusión de la publicidad.

La actividad de los influencer se ha convertido en una fuente de ingresos, entre otros para ellos, constituyendo en muchos casos una profesión a la que denominan «creadores de contenidos»[3]. Otros supuestos en los que se dan actos publicitarios presentan a influencers que compatibilizan su actividad con otras, como puede ser la de jugadoras o jugadores de fútbol, de tenis o actrices o actores; llegan a ser influencers[4] y operar como tal por otra profesión principal o pareja.

3. Dentro de los consumidores y usuarios vulnerables se encuentran los menores de edad, con particular desprotección en el caso de público infantil (menores de 14 años)[5] ante estímulos[6] publicitarios, las personas de edad elevada, las personas con discapacidad (o con necesidades especiales) y las personas que no conocen o no manejan con facilidad y con

---

3.   Con el fin de evitar las connotaciones negativas que pudiera acompañar al término «influencer». Se utiliza en consecuencia un eufemismo. Eufemismo que palía o puede paliar las reticencias hacia los influencers y sus actividades; atrayendo a más seguidores y elevando los ingresos de los negocios en torno a ellos.

4.   En tal sentido, HAENLEIN, A, FARSWOETH, E., HARRY, T., HUNIFHEM, J y WELTE, D., «Navigating the new era of influencer maketing…», *op. cit.,* p. 11.

5.   Como ponen de manifiesto RENÉS ARELLANO, PAULA, GONZÁLVEZ PÉREZ, VICENT y BERLANGA FERNÁNDEZ, IMACULADA, «YouTube e influencers en la infancia. Análisis de contenidos y propuestas educativas», *Incono,* vol. 18, nº 2, julio-diciembre, 2020, p. 275, los menores de edad que analizan en el estudio (entre 9 y 12 años) utilizan las redes sociales y las plataformas digitales de contenido al margen de los peligros que conllevan. Pero como destacan en las p. 276-277 todos los efectos no son negativos claro, YouTube permite que el camino sea más llano para usar materiales de vídeo apropiados para incentivar valores morales y el desarrollo moral; los vídeos despiertan la discusión sobre temas tan relevantes como los prejuicios, la clase social, los nacionalismos y la inmigración.

6.   Si vemos el estudio realizado por NAVA, LOSIEL S., NAVARES, JIOWENDEL D. Y OTROS, «The Effects of 21st Century Social Media Influencers on Student's

información necesaria las redes sociales o las plataformas digitales de contenido, Internet o los medios electrónicos.

4. El sector de la moda y el de la cosmética[7], con paralela vinculación con las actividades deportivas *amateur* (para mejorar el aspecto físico) lleva a personas adultas y menores de edad (de forma relevante los adolescentes, poco maduros por regla general —no siempre es así—, inseguros y que están formando o consolidando su personalidad) a obsesionarse con la belleza física[8]. La consecuencia a corto o medio plazo es el peso de la precitada obsesión, condicionando su día a día, y puede llevar a trastornos o enfermedades físicas y/o mentales; no olvidemos que la salud mental es un bien preciado y recuperado especialmente desde el confinamiento derivado de la COVID-19.

Academic Performance», *International Multidisciplinary Journal of Research for Innovation,* vol. 1, n° 5, 2024, p. 298, muestra que un número significativo de los menores de edad entre 15 y 16 años siguen a los influencers en redes sociales, principalmente con finalidad de entretenimiento. El estudio revela igualmente que los estudiantes señalan que los influencers que se dedican a la educación les motivan para trabajar más duro y mejoran su media (p.e a través de hábitos de estudio); pero del mismo modo, los estudiantes admiten que pasar más tiempo en redes sociales pueden bajar el rendimiento académico.

7. Tal y como señalan FENG, JANG, CHEN, HUAN y KONG, QIAN, «An expert with whom I can identify; The role of narratives in influencers marketing», *International Journal of Advertising,* octubre, 2020, p. 16, los influencers son percibidos como expertos en estos sectores, muy frecuentes en redes sociales y plataformas digitales de contenido. Mediante el uso de esos productos en sus comunicaciones, incluyéndolos en las vidas de los influencers consiguen que los *followers* los consideren expertos lo sean o no.
    La frecuencia del uso de influencer en el sector de la moda para realizar actos publicitarios es destacada por ASENSI MERÁS, ALTEA, «La licitud de la publicidad a través de influencers o líderes de opinión en redes sociales», *ADI,* t, 29, 2028-2019, p. 322.

8. SILVA, SUSANA C., ELMASHHARA, MAHER GEORGE y SOUSA, MARIA INÈS, «The body dissatisfaction role in the adoption of compulsive healthy eating behaviors», *International Journal on Public and Nonprofit Marketing,* 2023, p. 855, establecen que los comportamientos extremos relativos a la comida pueden tener consecuencias físicas desde el punto de vista de la salud, al igual que psicológicas, junto con consecuencias sociales; precisando que los comportamientos que se refieren a la salud física, como la ortorexia, pueden ocasionar deficiencias nutricionales y minerales, debido a que ciertos grupos de alimentos con nutrientes importantes son excluidos de las dietas. Y tienen su origen en esa necesidad obsesiva de no utilizar vías sanas para obtener o conservar una belleza física de acuerdo con un canon común de belleza.

5. Hay que tener en cuenta también los aspectos positivos de las comunicaciones de los influencers en redes sociales y en plataformas digitales de contenido, y fuera de ellas. Tras el visionado o tras escuchar las comunicaciones de los influencers la situación de los seguidores puede mejorar[9], a veces de manera importante; los hábitos alimenticios saludables (nutricionales), al igual que la práctica de ejercicio regular llevan a los *followers* a optimizar su salud; ocurre igualmente con contenidos que incentivan hábitos de lectura a edad temprana y en edades más avanzadas.

De igual modo, los influencers pueden ser una fuente de conocimiento para aspectos como la inteligencia artificial (IA; AI —si usamos la lengua inglesa, *Artificial Intelligence*—) u otras ramas de las nuevas tecnologías.

6. El legislador y con ello el Derecho no pueden poner constantemente parches cuando ya se han ocasionado los problemas. Problemas que ya se conocen y que se prevé que existirán. Entran en juego concepciones económicas y políticas sobre el carácter más o menos liberal, y con ello intervencionista o no, que ha de tener la regulación jurídica. Las soluciones *a posteriori que* ofrece el legislador, cuando ya se han generado los inconvenientes, no son válidas; el legislador ha de ser activo, adelantarse y regular, con normas imperativas cuando sea procedente. El mundo del Derecho no puede permanecer ajeno a la realidad; lo señala claramente el clásico art. 3 del CC.

La tarea que tenemos encargada los investigadores jurídicos académicos es precisamente ayudar al legislador con nuestras investigaciones a que adopte soluciones legislativas previas principalmente. Evitando que se produzcan perniciosas consecuencias.

La educación sobre los influencers[10] en colegios, institutos y en la universidad no es suficiente. Necesaria sí. Complementaria de la obliga-

---

9. *Vid.* HAPSARI, AYUNIGTYAS Y., SUKANDI, PIPIN, DALIMUNTHE, GALLANG P., LISDAYANTI, ANNISA, SUMANDHINATA, YELLIEKA y NILASARI, IRMA, «Impact of Social Media Influencers on Consumer Behavior: A Comparative Analysis of Generation Z and Millennials Life Style», *International Journal of Humanities Education and Social Sciences,* vol. 3, nº 5, 2024, p. 2559-2563.
10. *Vid.* FANG, LING-ZHI BRIAN, CHENG, TAN y DUAN, QIU-TING, «Time-sensitive "teacher": A longitudinal model of follower contributions on educational

ción normativa del legislador en la materia. No hay que pasar por alto la elevada adicción a las redes sociales o las plataformas digitales de contenido (en las que destacan los influencers), y su uso como un acto más y cotidiano de cada día.

La regulación llega tarde[11] por diversos motivos. Políticos (entramados de enfrentamiento entre distintos partidos de dicha naturaleza), que ralentizan los procesos legislativos, por influencia de los *lobbies* de los sectores implicados y porque en numerosos supuestos los propios ciudadanos perciben las normas jurídicas como una cortapisa a su libertad[12].

7. En Francia se ha regulado de forma relativamente global a los influencers, en la Ley nº 2023-451 de 9 de junio de 2023, *visant à encadrer l'influence commerciale et à lutter contre les dérives des influenceur sur les réseaux socieux* (en adelante, Ley francesa sobre influencers)[13]. El régimen jurídico recogido en esta norma se verá en páginas siguientes de esta monografía.

8. En la disciplina jurídica la conexión con otros especialistas sobre influencers y publicidad es básica. Expertos en publicidad y marketing ajenos al Derecho, en comunicación audiovisual, psicólogos[14] o psiquiatras aportan sus estudios y experiencias para dotar de mayor peso y eficacia a las normas jurídicas.

---

social media influencers base don S-O-R framework», *Coimputer in Human Behaviour,* 155, 2024, p.

11. Como pone de manifiesto VIDAL BEROS, CHRISTIAN, «Ley General de Comunicación Audiovisual española: Influencers y sustentabilidad», *Centro de Estudios en Diseño y Comunicación* (2023-2024), Cuaderno nº 181, p. 182, los influencers han cogido por sorpresa al legislador.

12. No suelen ser siempre bien acogidas las prohibiciones que se derivan del funcionamiento de la legislación imperativa.

13. JORF nº 0133 de 10 junio de 2023.

14. *Vid.* el estudio realizado por FARMIRA, SAMIRA, WANG, FANG y TUREL, OFIR, «Follower's problematic engagement with influencers on social media: An attachement theory perspective», *Computer in Human Behavior,* 133 (2022). Los autores ponen de manifiesto como las redes sociales crean una compulsión hacia su uso; produciendo en ocasiones problemas de depresión, ansiedad y estrés. Las adicciones se producen en muchas ocasiones por los sistemas de gratificación que utilizan los influencers.

Capítulo II

Delimitación del término influencer

SUMARIO: I. LAS CARACTERÍSTICAS DE LOS INFLUENCERS. II. LOS USUARIOS DE ESPECIAL RELEVANCIA (PARTE DE LOS INFLUENCERS) EN LA LEY GENERAL DE COMUNICACIÓN AUDIOVISUAL. III. EL TÉRMINO INFLUENCER EN LA LEY FRANCESA SOBRE INFLUENCERS (LA LEY N.º 2023-451, DE 9 DE JUNIO DE 2023, *VISANT À ENCADRER L'INFLUENCE COMMERCIALE ET À LUTTER CONTRE LES DÉRIVES DES INFLUENCEURS SUR LES RÉSEUX SOCIAUX*).

I. LAS CARACTERÍSTICAS DE LOS INFLUENCERS

1. Como indicamos en las precisiones introductorias, los influencers son personas que tienen influencia en los hábitos, tendencias políticas y adquisiciones, como principales campos[1].

---

1. VIDAL BEROS, C., «Ley General de Comunicación Audiovisual española: Influencers...», *op. cit.,* p. 183, define a los influencers como *«Personas que tienen la capacidad de influir en el comportamiento de consumidores de manera mucho más incisiva que la publicidad tradicional, y de ahí que los fabricantes y las marcas se fijen en ellos para la promoción de sus productos y servicios».* Hemos de marizar que, como veremos seguidamente en texto, lo influencers no son un fenómeno absolutamente nuevo, y por ello antes y ahora también operan fuera de Internet, v. gr. en televisión y radio, y por ello a través de la publicidad tradicional.
    FERNÁNDEZ CARBALLO-CALERO, P., «Publicidad encubierta e "influencers"», *op. cit.,* determina que los influencers son prescriptores cuyos comentarios o apoyo a determinados productos o servicios les hace aptos para influir en el comportamiento de los destinatarios.
    OTERO COBOS, MARÍA TERESA, «Los "influencers" como medio de comunicación audiovisual», *ADI,* 41, 2020-2021, p. 305, analizando una de las características de los influencers, pone de manifiesto que se caracterizan por ejercer influencia sobre un público determinado o al menos determinable. Estima que será directa sobre sus *followers* e indirecta sobre aquellos que sin ser sus seguidores

Generan mayor confianza en ellos[2], de modo que los usuarios, sobre todo adolescentes, que los siguen confían en los influencers como en sus amigos[3], de ahí la capacidad de incidir en su comportamiento económico. En la mayoría de las ocasiones su estrategia es ser cercanos y naturales, para llegar a su público[4].

2. Los influencers ya existían antes de la presencia de las redes sociales o de las plataformas digitales de contenido (como es YouTube), mediante la publicidad testimonial[5], que es la llevada a cabo por personajes famosos, por diversos motivos, por ser deportistas o actores;

---

tengan un perfil en la misma red social y accedan a su canal o perfil, o sin tener perfil en la red social accedan a él a través de un medio electrónico.
CISNEROS ARIAS; MARÍA ISABEL, «Influencers y publicidad encubierta», *Revista Aranzadi Doctrinal,* nº 4, 2023, define a los influencers desde un punto de vista positivo en cuanto a la actividad que realizan. Así, además de indicar que cuando hablamos de influencers entendemos que se ha demostrado su impacto en redes sociales hacia una comunidad, dicho impacto considera que ha de ser llamativo, creativo, sano y con la finalidad de transmitir un mensaje positivo a sus seguidores.

2. Se pronuncian en este mismo sentido ALRUWAILY, AMAAL, MANGOLD, CHELSEA, GREENE, TENAY, ARSHONSKY, JOSH, CASSIDY, OMNI, POMERANZ, JENNIFER L. y BRAGG, MARIE, «Child social media influencers and unhealthy product placement», *Pediatric,* vol. 146, issue 5, noviembre, 2020.

3. En tal sentido BELANCHE, DANIEL, CASALÓ, LUIS V., FLAVIÁN, MARTA y IBÁÑEZ-SÁNCHEZ, SERGIO, «Building influencers credibility on Instagram: Effects on followers attitude and behavioral responses towards the influencer», *Jorunal of Retailing and Consumer Services,* 61 (2021), p. 2, que precisan que los influencers al presentarse como amigos llegan a sus seguidores porque comparten los mismos intereses y el mismo estilo de vida.
Igualmente VENUS JIN, S. y MUQADAM, AZIZ, «Product placement 2.0: Do brands need influencers or influencer do need brands?», *Journal of Brand Management,* 2019, p. 527.

4. PILGRIM, KATHARINA y BOHNET-JOSCHKO, SABINE, «Selling health and happiness how influencers communicate on Instagram dieting and exercise: mixed methods research», *BMC Public Health,* 19 (2019), p. 5, establecen que los influencers se presentan como expertos en la materia para conseguir más seguidores y además utilizan como técnicas de incremento de *followers* la identificación entre ellos y sus seguidores al igual que la familiaridad y la simpatía.

5. En el mismo sentido TATO PLAZA, ANXO, «Aspectos jurídicos de la publicidad a través de líderes de opinión en redes sociales ("influencers")», *Revista de Derecho Mercantil,* nº 311, 2019. *Vid.* igualmente TATO PLAZA, A., «La publicidad a través de "influencers"», en García Pérez, Rafael y Cernadas Lázare, Marta (Dirección) y Trigueira Loureiro, Irene (Coordinadora), *El Derecho de*

su presencia en el acto publicitario lo dota de mayor credibilidad[6]; de hecho, podemos considerar que estamos ante publicidad testimonial cuando operan en redes sociales o plataformas digitales de contenido[7]. Además, los influencers no realizan actividades solamente en las redes sociales o en las plataformas digitales de contenido, ya que un presentador de un espacio televisivo o radiofónico puede convertirse en o ser tal, de modo que en parte de su comunicación lleve a cabo actos publicitarios de difícil identificación, como es el emplazamiento publicitario o *product placement*, perfectamente lícito si cumple con los requisitos exigidos.

3. Podemos clasificarlos en mega-influencers, macro-influencers y micro-influencers. Los primeros son artistas, actores y músicos internacionales, también conocidos como celebrities; se caracterizan por contar un número muy elevado de seguidores; superan el millón. Los macro-influencers no son en origen personas famosas fuera de las redes sociales o las plataformas digitales de contenido pero tienen una alta capacidad de crear opinión e incentivar las compras de bienes o la contratación de servicios; con seguidos entre 50.000 y 1.000.000 personas. Los micro-influencers cuentan con mayor efectividad por llegar un público más específico y generar un ambiente de mayor confianza

---

marcas de la competencia ante las tecnologías de vanguardia, Tirant lo Blanch, 2023, p. 401-402, donde matiza que la difusión de publicidad mediante líderes de opinión tiene ventajas para el anunciante; se muestra claramente porque tal publicidad tiene por finalidad explotar la especial capacidad de influencia que el líder de opinión ostenta sobre los seguidores; además, posibilita vincular el producto promocionado con los valores o con el estilo de vida que representa el influencer; añadiendo que lo más importe es que todo ello lo hace integrando de manera natural las menciones estrictamente publicitarias dentro de los contenidos editoriales generados por el propio líder de opinión.

6.   En tal sentido también IOANID, ALEXANDRA y MILITARU, GHEORGHE, «Social media strategies for organizations using influecers power», *European Scientific Journal*, agosto, 2015, p. 142.
En idéntico sentido SOLER FERNÁNDEZ, JESÚS y SUÁREZ ÁLVAREZ, REBECA, «El Panóptico en relación con las redes sociales», en Blanco Alfonso, Ignacio, Fernández Martínez, Luis Manuel y Suárez Álvarez, Rebeca, *Vulnerabilidad y cultura digital. Riesgos y oportunidades de la sociedad hiperconectada*, Dykinson, 2019, p. 39.

7.   RAMOS, JUANJO, *Marketing de influencers,* 2019.

al ser más pequeño el círculo de seguidores; sus seguidores llegan hasta 50.000.

4. La forma de llegar a sus seguidores viene de la mano de publicar fotos y vídeos sobre su vida profesional o personal[8], incluyendo su participación en eventos, sus vacaciones o su día a día. De otro lado, hay influencers que en la plataforma digital de contenido YouTube se caracterizan por realizar vídeos temáticos o de materias diversas, como es el caso de los vídeos de consejos de moda, nutrición o estética. Entretienen a sus seguidores o a las personas que acceden sin convertirse en seguidores oficiales (computables), creando un ambiente de confianza, una regularidad en el contenido que publican, que lleva a los usuarios a adquirir los bienes o contratar los servicios publicitados.

Los influencers digitales en muchas ocasiones salen del mundo virtual para entrar en el mundo físico. Es el caso de los influencers de moda, que acuden a eventos de moda para recibir la cuantía económica satisfecha por las marcas (pudiendo recibir remuneración mediante otras vías conjuntas o alternativas, como puede ser la entrega de productos). Y a su vez estos eventos son retransmitidos o publicados por los influencers en las redes sociales o en las plataformas digitales de contenido.

5. La forma de presentar sus comunicaciones hace que sean percibidos como expertos en las materias que abordan, sobre todo si se centran en un campo específico[9]. En algunas ocasiones no lo son de formación.

---

8. Como ponen de manifiesto BORAU-BOIRA, ELENA, PÉREZ-ESCODA, ANA y CASTRO MAESTRE, MARÍA DEL MAR, «Retrato intergeneracional del fenómeno influencer en redes sociales: ¿prescriptor de marca o modelo social?», *IC-Revista Científica de Información y Comunicación*, 19 (2022), p. 481, crean valores y estilos de vida, lo que genera un *engagement*, y es lo que busca cualquier marca para crear un público objetivo.
9. En esta línea KANAVEEDU, ASWATHI y KALAPURACKAI, JACOB JOSEPH, «Influencers marketing and consumer behavior: A systematic literature review», *The Journal of Business Perspective,* agosto, 2022.
   Igualmente AGUADO-GUADALUPE y BERNAOLA, ITZIAR, «El nuevo marco regulador europeo de los servicios audiovisuales bajo petición y de intercambio de vídeos. Su repercusión en el mercado español de plataformas», *Index Comunicación,* vol. 9, nº 3, 2019, p. 21-22.

6. Los influencers que se dedican como actividad casi exclusiva a este campo se convierten en emprendedores[10], para poder desarrollar el total de sus actividades y llevar a buen puerto su negocio. Necesitan gestores de sus redes sociales, fotógrafos, contables, etc. y con ello mantener y elevar el número de *followers*.

7. La proliferación de los influencers ha llevado a crear el denominado marketing de influcencers[11]. Hemos aludido a algunos campos en los que se mueven los influencers, a los que habría que añadir el importante sector de los videojuegos; en realidad su marco de actuación alcanza a casi todos los campos. Por ello se identifica a los influencers con poder sobre los potenciales compradores[12] y el marketing se orienta hacia los influencers[13]. Este tipo de marketing es utilizado tanto para captar nuevos clientes como para fidelizar a los existentes.

Se considera que el marketing de influencers logra que lo usuarios valoren más la opinión de los influencers, que goza de mayor persuasión que la publicidad en formato tradicional, que a gran parte de la publicidad que realizan no le afectan los bloqueadores de publicidad de los navega-

---

10. En el mismo sentido KOKO, CASTULUS y HAUMER, FLORIAN, «Social media celebrities as influencers in brand communication: An empirical study on influencer contents, its advertising relevance and audience expectations», *Journal of Digital & Social Media Marketing*, vol. 6, 3, 2018, p. 274.
   Argumenta GOANTA, CATALINA, «Now what. Exploring the DSA's enforcerment futures in relation to social media platforms and native advertising», en Van Hoboken, Joris, Quintais, Joao Pedro, Appelman, Naomi, Fahy, Ronan, Buri, Ilaria y Straub, Marlene (editores), *Putting the DSA into Practice. Enfoircement, access to justice and global implications,* Verfassungsbooks, 2023, p. 144, que los influencers son *traders,* primero, por sus ofertas e invitaciones a operar con bienes y servicios, que ellos proven directamente a los consumidores (como sería el caso de cursos o merchandising) y, en segundo lugar, debido a que prestan servicios comerciales en forma de servicios de publicidad, a los que los consumidores están expuestos.
11. *Vid.* CASADO NAVARRO, ANTONIO, «Publicidad encubierta a través de influencers: normativa aplicable y régimen de responsabilidad», *Revista de Derecho de la Competencia y de la Distribución,* nº 31, 2022.
12. ALRUWAILY, A., MANGOLD, C., GREENE, T., ARSHONSKY, J., CASSIDY, O., POMERANZ, J. L. y BRAGG, M., «Child social media influencers and unhealthy product placement», *op. cit.*
13. RAMOS, J., *Marketing de influencers,* op. *cit.*
   Vid. BERMEJO BOSCH, REYES, «Regulación legal de la realización de acciones comerciales frente a consumidores y usuarios», *Revista Jurídica sobre Consumidores y Usuarios,* noviembre, 2018.

dores ni la costumbre de ignorar la publicidad tradicional, que crea contenido más auténtico sobre la marca, que implica menor coste que otros formatos publicitarios, que aumenta el conocimiento de la marca[14], que implica mayor compromiso con la marca que otros tipos de marketing, que llega a nuevos tipos de público objetivo, que aumenta la visibilidad y el número de seguidores en redes sociales, que genera ventas, que genera tráfico *web* y que mejora el SEO o posicionamiento en buscadores. Como vemos, son muchas las ventajas.

II. LOS USUARIOS DE ESPECIAL RELEVANCIA (PARTE DE LOS INFLUENCERS) EN LA LEY GENERAL DE COMUNICACIÓN AUDIOVISUAL

1. Desde el punto de vista de la actual Ley 13/2022, de 7 de julio, General de Comunicación Audiovisual[15] (LGCA), la regulación contenida en la norma alcanzará a la actividad de algunos influencers, considerados y denominados usuarios de especial relevancia y prestadores de servicio de comunicación audiovisual cuando cumplan determinados parámetros. Para ello establece una serie de requisitos; en términos de la LGCA, art. 94, y del Real Decreto 444/2024, de 30 de abril, por el que se regulan los requisitos a los efectos de ser considerado usuario de especial relevancia de los servicios de intercambio de vídeos a través de plataforma, en desarrollo del art. 94 de la Ley 13/2022, de 7 de julio, General de Comunicación Audiovisual[16] (en adelante, Real Decreto sobre usuarios de especial relevancia), han de emplear un servicio de intercambio de vídeos a través de plataforma y cumplir con todos los requisitos (cumplimiento que ha de ser acumulativo) son los siguientes:

— El art. 94.2 de la LGCA señala que el servicio que prestan ha de conllevar una actividad económica por la que el titular obtenga unos

---

14.	LEUNG, FINE F., GU, FLORA F. y PALMATIER, ROBERT W., «Online influencer marketing», *Journal of the Academy of Marketing Science*, 2022, p. 234-235, establecen que una marca bien posicionada que cuente con un buen número de productos o servicios y que ocupe un lugar importante en la mente del *target consumers* puede maximizar la utilidad percibida por el consumidor.

15.	BOE nº 163, de 8 de julio de 2022.

16.	BOE nº 106, de 1 de mayo de 2024. El legislador español ha tardado prácticamente 2 años en dictar este real decreto.

ingresos significativos que nacen de su actividad en los servicios de intercambio de vídeos a través de plataforma[17]. El Real Decreto sobre usuarios de especial relevancia entiende que son «ingresos significativos» los ingresos brutos que se devenguen en el año natural anterior, iguales o superiores a 300.000 euros, y que tengan su origen de manera exclusiva en la actividad de los usuarios en el conjunto de los servicios de intercambio de vídeos a través de plataforma que utilicen.

A partir de esta primera aclaración y norma imperativa, el legislador español en el Real Decreto sobre usuarios de especial relevancia fija los criterios para determinar qué ingresos significativos serán computables. Y comienza, como no podía ser de otra manera, por ser una importante fuente de ingresos para los influencers, por la actividad publicitaria audiovisual (o comunicaciones comerciales audiovisuales). Así, quedan incluidas las remuneraciones dinerarias y las que se lleven a cabo en especie, como consecuencia de la comercialización, venta u organización de comunicaciones comerciales audiovisuales que acompañen o se incorporen en los contenidos audiovisuales que sean responsabilidad de los usuarios que utilicen servicios de intercambio de vídeos a través de plataforma[18].

---

17. FERNÁNDEZ CARBALLO-CALERO, PABLO, «Publicidad encubierta e "influencers"», *op. cit.,* estima que esta exigencia de ingresos significativos junto con la exigencia de estar dirigidos a una parte significativa del público conlleva que la asimilación del influencer al prestador de servicios de comunicación audiovisual solamente tenga lugar cuando el influencer obtenga regularmente sustanciales ingresos como consecuencia, principalmente, del elevado número de *followers.*

18. El art. 3.2 del Real Decreto sobre usuarios de especial relevancia continúa indicando los ingresos que serán computables en los siguientes términos:
   «b) Ingresos percibidos por los usuarios procedentes de los prestadores de los servicios de intercambio de vídeos a través de plataforma por razón de su actividad en dichos servicios.
   c) Ingresos percibidos por la actividad de los usuarios provenientes de cuotas y pagos abonados por su audiencia en los servicios de intercambio de vídeos a través de plataforma.
   d) Ingresos procedentes de prestaciones económicas concedidas por administraciones y entidades públicas, cualquiera que sea su denominación y naturaleza, relacionados con la actividad de los usuarios en los servicios de intercambio de vídeos a través de plataforma.
   e) Otros ingresos obtenidos por la actividad de los usuarios en los servicios de intercambio de vídeos a través de plataforma no previstos en las letras anteriores de este apartado.».

— El usuario de especial relevancia ha de ser el responsable editorial de los contenidos audiovisuales que se ofrecen en su servicio. Los influencers lo son.

— El servicio ha de estar destinado a una parte significativa del público en general y puede tener un claro impacto sobre él. Este es el segundo apartado del art. 94.2 de la LGCA en el que entra a regula el Real Decreto sobre usuarios de especial relevancia; titulando su art. 4 bajo la nomenclatura «Audiencia significativa». Así, precisa que para que se dé a los influencers se les apliquen las disposiciones publicitarias señaladas en el art. 94.1 de la LGCA, han de darse todos los requisitos que impone; en concreto, el servicio ha de alcanzar, en algún momento del año natural, a un número de *followers* igual o superior a 1.000.000 en un único servicio de intercambio de vídeos a través de plataforma; o a un número de seguidores igual o superior a 2.000.000, de manera agregada, teniendo en cuenta todos los servicios de intercambio de vídeos a través de plataforma en los que el usuario de especial relevancia (influencer) preste su actividad. En segundo lugar, se ha de publicar un número de vídeos superior a 24 en el año natural anterior en el conjunto de servicios de intercambio de vídeos mediante plataforma en los que el usuario lleve a cabo su actividad[19].

— La función del servicio tiene que consistir en informar, entretener o educar y el principal objetivo del servicio ha de ser la distribución de contenidos audiovisuales. Las actividades desarrolladas por los influencers encajan perfectamente en esta exigencia; y hemos de matizar que el propio texto de la LGCA con este requisito y con el que figura en el guion siguiente (distribución a través de redes de comunicación electrónica) amplía el ámbito supuestamente estricto de la actividad de los influencers, debido a que alude a contenidos audiovisuales, que podrán por lo tanto ser difundidos en redes sociales o plataformas digitales de contenido pero también a través de medios más tradicionales como son la televisión o la radio.

---

19. Todo ello con independencia de la duración de esos vídeos. Los influencers digitales publicar vídeos más largos, *v. gr.* en la plataforma de intercambio de contenidos YouTube (a pesar de que también hay una parte dedicada a Shorts, en la que los vídeos son de corta duración), y más cortos, p.e en Instagram o TikTok.

— El servicio ha de ofrecerse a través de redes de comunicación electrónica y encontrarse establecido en España conforme al art. 3.2 de la LGCA.

2. La LGCA y el Real Decreto sobre usuarios de especial relevancia evita en el texto, no en la Exposición de Motivos, utilizar el término «influencer». Algo que no hace la Ley francesa de influencers —que veremos seguidamente—; es criticable la posición del legislador español.

3. La precitada regulación será aplicable tanto a personas físicas como jurídicas[20]. Es decir, tanto si los influencer son p.e empresarios individuales como si son empresarios colectivos (entre ellos sociedades mercantiles —como son las sociedades de responsabilidad limitada o las sociedades anónimas[21]—).

4. Los usuarios de especial relevancia tienen la obligación de inscribirse en el Registro Estatal de Prestadores de Servicios de Comunicación Audiovisual.

5. La regulación contenida en el art. 94 de la LGCA ha estado sin entrar en vigor hasta que se ha aprobado el Real Decreto sobre usuarios de especial relevancia. Así lo establecía la Disposición Final novena.

6. La fijación de algunos los requisitos que hemos analizado implica que los demás influencers quedan fuera del sometimiento a las normas publicitarias fijadas en el art. 94.1 de la LGCA. Pero igualmente hemos de tener presente que todo el acervo normativo publicitario (aunque no sea específicamente audiovisual) con independencia del medio utilizado para difundir el acto publicitario ha de ser respetado por todos los operadores que realizan publicidad, incluidos los influencers, tanto si esas

---

20. La extensión a las personas jurídicas de la regulación contenida en el Real Decreto sobre usuarios de especial relevancia ha dado lugar a discusión. *Vid.* TEINGAS, JEAN-YVES, OYARZABAL, NORA, CONDE, PAULA, SANTOS E SILVA, PEDRO y ALEGRE, RAQUEL, «Aprobación del Real Decreto de usuarios de especial relevancia», *Blog Propiedad Intelectual y Tecnologías de Cuatrecasas,* 3 de mayo de 2024.
21. Ambas sociedades de capital.

normas aluden directa o indirectamente a ellos como si no lo hacen[22]. Normas analizadas a lo largo de esta monografía.

7. El TJUE (Sala Segunda), en sentencia de 21 de octubre de 2015[23], en aplicación de la Directiva de Servicios de Comunicación Audiovisual en su versión de 2010, ya consideró como prestadores de servicios de comunicación audiovisual a las personas dedicadas a la comunicación de vídeos[24], abriendo con ello el camino hacia la posibilidad que ofrece la versión de 2018 de la Directiva de Servicios de Comunicación Audiovisual relativa a que los Estados miembros en su Derecho interno los consideren prestadores de servicios de comunicación audiovisual, para someterse a todo el entramado legislativo propio de los servicios de comunicación audiovisual (entre el que se incluyen, claro está, las comunicaciones comerciales, o sea la publicidad), como ha hecho parcialmente nuestro legislador en la LGCA.

Esta sentencia establece que:

> *«El concepto de "programa", a efectos del artículo 1, apartado 1, letra b), de la Directiva 2010/13/UE del Parlamento Europeo y del Consejo, de 10 de marzo de 2010, sobre la coordinación de determinadas disposiciones legales, reglamentarias y administrativas de los Estados miembros relativas a la prestación de servicios de comunicación audiovisual (Directiva de servicios de comunicación audiovisual), debe interpretarse en el sentido de que comprende la puesta a disposición, en un subdominio del sitio de Internet de un periódico, de vídeos de corta duración que corresponden a secuencias cortas extraídas de noticias locales, deportivas o de entretenimiento.»*[25].

---

22. Se pronuncia en el mismo sentido GUTIÉRREZ GARCÍA, ELENA, «La publicidad encubierta de influencers: la urgencia de una regulación», *Revista de Derecho de la Competencia y de la Distribución,* nº 29, julio-diciembre, 2021.
23. Asunto New Media Online GmbH y Bundeskommunikationssenat, C 347/14.
24. En el mismo sentido LÓPEZ, RICARDO, «Nueva Ley de Comunicación Audiovisual: ¡»influencers, se vienen cositas!», *Garrigues Digital,* 7 de julio de 2022.
25. *Vid.* análisis de la sentencia realizado por ROSELLÓ RUBERT, MARÍA FRANCISCA, «El influencer que publica vídeos online (vlogger) y las plataformas de intercambio de vídeos como nuevos operadores en el mercado del sector audiovisual: análisis y efectos de las recientes reformas normativas y consideraciones de la CNMC al respecto», *Revista de Derecho de la Competencia y de la Distribución,* nº 29, julio-diciembre, 2021.

III. EL TÉRMINO INFLUENCER EN LA LEY FRANCESA SOBRE INFLUENCERS (LA LEY N.º 2023-451, DE 9 DE JUNIO DE 2023, *VISANT À ENCADRER L'INFLUENCE COMMERCIALE ET À LUTTER CONTRE LES DÉRIVES DES INFLUENCEURS SUR LES RÉSEUX SOCIAUX*)

1. Adelantamos en el primer capítulo de esta monografía que el legislador francés ha abordado de forma parciamente global la regulación de los influencers; lo ha hecho de manera conjunta pero lógicamente no aborda todos los aspectos que atañen a los influencers.

2. Los define expresamente en el art. 1 la Ley n.º 2023-451, de 9 de junio de 2023, *visant à encadrer l'influence commerciale et à lutter contre les dérives des influenceurs sur les réseaux sociaux*. A los efectos de la ley son: «*Les personnes physiques ou morales qui, à titre onéreux, mobilisent leur notoriété auprès de leur audience pour communiquer au public, par voie électronique, des contenus visant à faire la promotion, directement ou indirectement, de biens, de services ou d'une cause quelconque exercent l'activité d'influence commerciale par voie électronique.*»[26].

De la lectura se extrae que recoge la realidad de la actividad de los influencers, al comenzar señalando que pueden ser personas físicas o jurídicas, es decir, los influencers que operan por vía electrónica (desta-

---

26. DOUVILLE, THIBAULT y NETTER, EMMANUEL, «La loi sur l'influence commerciale ou le déclin du droit commun», *RTDCom,* octubre-diciembre, 2023, p. 861, señalan que es difícil de determinar el concepto de influencer, y eso hay que tenerlo en cuenta a la hora de analizar el concepto elegido por el legislador francés. KOZLOVSKY, TATIANA y PIQUE, ROBIN, «La loi relative aux influenceurs: spectacle(s) et réseaux sociaux», *Revue Jurique de la Sorbonne,* diciembre, 2023, nº 8, p. 240, analizan bastante críticamente el concepto; precisando que muchos de los términos utilizados son «*bribes*» de otras definiciones de Derecho Positivo, señalando que la notoriedad es usada en el ámbito del Derecho de Marcas y de la publicidad comparativa. Añadiendo que el término publicidad figura como una filigrana vía la expresión «*communiquer au public par voie électronique des contenus visant à faire la promotion, directement ou indirectement, de biens, de services ou d'une cause quelconque*».
La notoriedad exigida o aludida en la definición de la ley francesa sobre influencers también es abordada por LEVENEUR, CLAIRE, *Recueil Dalloz*, «La loi sur les influenceurs: prémices d'un encadrement bienvenu», 16 de noviembre de 2023, nº 39, p. 2014. Se posiciona a favor de la vinculación de la notoriedad con los influencers, por considerar que es esencial en las redes sociales.

cablemente en redes sociales o plataformas digitales de contenido) normalmente son empresarios, ya sea individuales o personas jurídicas (sociedades). Excluye a los influencers *amateur,* puesto que exige la concurrencia de ánimo de lucro; y se extrae esa conclusión de manera más clara si se tiene en cuenta que en la definición finalmente se refiere a la influencia comercial y que la nomenclatura de la ley en su primera parte alude a la influencia comercial.

Puede observarse igualmente la alusión a uno de los elementos destacables, entre otros, de los influencers, su notoriedad[27]. La actividad la pueden llevar a cabo de manera directa o indirecta, dando entrada con ello a la aplicación a actividades publicitarias no tan evidentes en cuanto a la presencia de publicidad como es el *product placement* o emplazamiento publicitario o de producto (al que dedicamos un capítulo de esta obra)[28].

---

27. Respecto de la notoriedad nos remitimos también a las reflexiones de la doctrina señaladas en la nota a pie anterior.
28. La propia Ley francesa sobre influencers aclara que serán de aplicación las normas publicitarias a los influencers regulados en ella.

Capítulo III

Influencers y publicidad encubierta

I. ESTUDIO DEL HAZ DE NORMAS JURÍDICAS SOBRE PUBLICIDAD ENCUBIERTA

1. Las comunicaciones realizadas por los influencers en muchas ocasiones incorporan publicidad encubierta. La necesidad de identificar el acto publicitario es una máxima en la regulación jurídica de la publicidad en España. No siempre es fácil detectar que un influencer está insertando una marca, un producto o servicio, atendiendo a que no suele advertirse del propósito publicitario ni se identifica al anunciante[1].

Para saber si estamos ante un acto publicitario de cara a la aplicación de la legislación española hemos de acudir al art. 2 de la Ley 34/1988, General de Publicidad[2] (LGP), que establece qué hay que entender por publicidad. Así, alcanza a toda forma de comunicación (elogiable esta terminología temprana del legislador español, amplia, para incluir todos los medios de comunicación, y por supuesto Internet) que se lleve a cabo por

---

1. DUNLOP, SALLY, FREEMAN, BECKY y JONES, SANDRA, C., «Marketing to Youth in the Digital Age: The Promotion of Unhealthy Products and Health Promoting Behaviors on Social Media», *Media and Communication*, vol. 4, issue 3, 2016, analizando la publicidad en redes sociales de alcohol en Estados Unidos, ponen de manifiesto como las redes sociales son una vía fácil para evitar el cumplimiento de la regulación.
2. BOE nº 272, de 15 de noviembre de 1988.

una persona física o jurídica, ya sea pública o privada, en el ejercicio de una actividad comercial, industrial, artesanal o profesional (en consecuencia, no cabría la realizada por un consumidor o usuario), con la finalidad de promover, directa o indirectamente, la contratación de bienes muebles o inmuebles, servicios, derechos y obligaciones (aquí se encuentra la finalidad persuasiva o promocional propia de la publicidad; y hemos de tener en cuenta igualmente que la persuasión puede ser directa, más visible por tanto, o indirecta, en la que la detección se dificulta).

2. El art. 9 de la LGP impone la necesidad de desvelar la naturaleza publicitaria de la publicidad a los destinatarios, diferenciando los actos informativos de los publicitarios perceptiblemente[3]. La Ley 34/2002, de 11 de julio, de Servicios de la Sociedad de la Información y Comercio Electrónico[4] (LSSIE) impone a su vez tanto la identificación del anunciante como del acto publicitario (art. 20.1)[5].

3. Además, el reformado art. 26 de la Ley 3/1991, de 10 de enero, de Competencia Desleal[6] (LCD) regula y prohíbe expresamente la publicidad encubierta. Será considerada publicidad encubierta siempre que cumpla los requisitos del art. 26 de la LCD, con independencia del medio que se utilice para difundirla y aplicable solamente cuando los destinatarios sean consumidores o usuarios. Aunque al lado se encuentra el art. 7 del mismo cuerpo legal, aplicable tanto a destinatarios empresarios o profesionales como a consumidores o usuarios (no previsto expresa y

---

3.   *Vid.* las reflexiones de BENDITO CAÑIZARES, MARÍA TERESA, «La autenticación de la publicidad y anunciante en la publicidad nativa y, en particular, en la publicidad de influencers», *Revista Aranzadi Doctrinal,* nº 8, 2020, en concreto la alusión al art. 9 de la LGP como norma que impone la identificación tanto del anunciante como del acto publicitario.

4.   BOE nº 166, de 12 de julio de 2002.

5.   *Vid.* las mismas exigencias en la Directiva 2000/31/CE, del Parlamento Europeo y del Consejo, de 8 de junio de 2000, relativa a determinados aspectos de los servicios de la sociedad de la información, en particular el comercio electrónico en el mercado interior (Directiva sobre Comercio Electrónico), DOCE L nº 178, de 17 de junio de 2000, dentro del análisis realizado por GÜRKAYNAK, GÖNENÇ, KAMA, OLGU Ç. Y ERGÜN, BURCU, «Navigating the Uncharted Risks of Covert Advertising in Influencer Marketing», *Business Law Review,* 2018, 39 (1), p. 17.

6.   BOE nº 10, de 11 de enero de 1991.

exclusivamente para la publicidad encubierta); que disciplina las omisiones engañosas[7], de modo que la omisión del propósito publicitario cuando se da ha de ser considerado publicidad encubierta[8].

Estamos ante publicidad encubierta de acuerdo con el art. 26 de la LCD cuando los mensajes publicitarios se enmascaran como mera infor-

---

7. Esta norma es un complemento normativo del art. 5 de la LCD (regulador de los actos de engaño). Así, dicho complemento plantea que quizás se está regulando en exceso y de forma reiterativa.
    Vid. ALFANO, GIANFRANCO y LOPOPOLO, SUSANNNA, «Propuestas para un "influencer marketing" "transparente" en el marco reglamentario comunitario», *Revista Aranzadi de Derecho y Nuevas Tecnologías,* nº 50, mayo-agosto, 2019, que sostienen que la publicidad encubierta de los *influencers* se ubica en el art. 7 apart. 2 (omisión engañosa) de la Directiva 2005/29/CE, de 11 de mayo de 2005, relativa a las prácticas desleales de las empresas en sus relaciones con los consumidores en el mercado interior (DOUE L 149, de 11 de junio de 2005), en adelante Directiva sobre prácticas desleales con los consumidores y usuarios, equivalente a nuestro art. 7 de la LCD. Se producirían en los supuestos de actuación de un influencers que publica comentarios, fotos, vídeos u otros contenidos multimedia con finalidad promocional sin señalar el propósito comercial de la comunicación, y sin que tampoco sea evidente para los usuarios. *Vid.* LAMBRECHT, INGRID, VERDOODT, VALERIE y BELLON, JASPER, «Platforms and commercial communications aimed at children: a playground under legislative reform?», *International Review of Law, Computers and Technology*, vol. 32, issue 1, 2018, p. 63.
8. Cuando estamos ante personajes famosos o influencers, al igual que ocurría antes en muchos otros casos con la publicidad testimonial, es difícil de reconocer el contenido promocional, es decir, que estamos ante un acto publicitario. En tal línea BOERMANA, SOPHIE, WILLEMSENB, LOTTE M. VAN DER AA, EVA P., «"This Post Is Sponsored". Effects of Sponsorship Disclosure on Persuasion Knowledgeand Electronic Word of Mouth in the Context of Facebook», *Journal of Interactive Marketing,* 2017, 38, p. 82. *Vid.* el estudio llevado a cabo por DJAFO-ROVA, ELMIRA y RUSHWORTHBA, CHLOE, «"Exploring the credibility of online celebrities" Instagram profiles ininfluencing the purchase decisions of young female users», *Computers in Human Behavior,* 2007, 68, p. 1-7.
    Igualmente, analizando la Directiva sobre prácticas desleales con los consumidores y usuarios, de la que es heredera la actual LCD, ALFANO, G. y LOPPOLO, S., «Propuestas para un "influencer marketing" "transparente"…», *op. cit.*
    En el mismo sentido que el que señalamos en el texto, considera estos actos como publicidad encubierta (del art. 26 de la LCD) si se dan los presupuestos de este tipo de acto desleal, TATO, A., «Aspectos jurídicos de la publicidad...», *op. cit.* En idéntica línea MARTÍNEZ OTERO, JUAN, «Nuevas formas de publicidad encubierta en las plataformas digitales de Internet», *Revista de Derecho Mercantil,* nº 314, 2019, p. 3 (del formato electrónico de la base de datos Aranzadi).
    Como recuerdan GUTIÉRREZ GARCÍA, E., «La publicidad encubierta de influencers…», *op. cit.,* y TATO, ANXO, «Aspectos jurídicos de la publicidad…», *op. cit.,* la publicidad encubierta es un tipo de publicidad engañosa.

mación u opinión[9]; siendo requisito exigido por tal precepto que el anunciante (el empresario o profesional) pague por la difusión del mensaje[10], sin especificarse a quién, lo que permitiría encajar actuaciones como el pago a influencers en redes sociales o fuera de ellas por publicitar una marca[11]; además de que no sea claramente especificado en el contenido o se informe de modo claramente identificable por medios acústicos o visuales de que estamos ante un acto publicitario[12]. Y no se ubicarían dentro del art. 26 LCD supuestos en los que una persona física o jurídica es objeto de un acto informativo o periodístico por su relevancia, es decir, porque destaca en uno o varios sectores o porque sea noticia, debido a

---

9. ÁVILA DE LA TORRE, ALFREDO «Artículo 26. Prácticas comerciales encubiertas», en Bercovitz Rodríguez-Cano, A., *Comentarios a la Ley de Competencia Desleal,* Navarra, Aranzadi Thomson-Reuters, 2011, p. 737, critica la regulación del legislador español porque se limita a la publicidad encubierta que consiste en disfrazarla bajo un mensaje informativo o periodístico, olvidando otros supuestos como aquellos en los que el mensaje publicitario no puede ser localizado al presentarse ante los consumidores de manera distinta. Estima que el legislador sigue este criterio para evitar incluir o enfrentarse al *product placement* o emplazamiento publicitario.

10. *Vid.* TATO PLAZA, A., «Prácticas comerciales engañosas con los consumidores», *ADI* 29 (2008-2009), p. 551-556 y TOBÍO RIVAS, ANA MARÍA, «La existencia de remuneración o pago similar y el carácter intencional de la publicidad encubierta», *ADI* 32 (2011-2012), p. 739-742. *Vid.* LEMA DEVESA, CARLOS, «La publicidad indirecta», *ADI*, t. XIX (1998).

11. PERTIERRA, TINO, «La publicidad encubierta de los "influencers"», *La Provincia de Las Palmas,* 11 de mayo de 2017, establece que *«La Comisión de Comercio estadounidense pretende con un envío masivo de cartas dejar claro que promocionar un contenido sin advertirlo a quienes acceden a él —rompiendo ese pacto de confianza no escrito que se establece entre el seguidor y su ídolo— puede ser delito. El paso dado por las autoridades estadounidenses podría extenderse a otros países conscientes de la necesidad de regular ese apartado, entre ellos España, donde el 75% de las marcas tira de influencers en sus campañas de comunicación viral».*

12. BENDITO CAÑIZARES, M. T., «La autenticación de la publicidad y anunciante en la publicidad nativa…», *op. cit.,* analiza el art. 26 de la LCD; señala que esta norma, al regular la exigencia de que no ha de quedar claramente especificado en el contenido o ser claramente identificable por vía acústica o visual, la finalidad publicitaria (para que estemos ante publicidad encubierta), no concreta los criterios que hay que utilizar para entender que se cumple con la obligación de transparencia (y de autenticidad, añadimos nosotros) y que no estemos por ello ante publicidad engañosa.

que en este caso falta la finalidad promocional y persuasiva[13] que ha de darse en todo acto publicitario.

El art. 26 de la LCD ha sido modificado, introduciéndose la referencia a que las comunicaciones han de producirse en medios de comunicación o en servicios de la sociedad de la información o en redes sociales. Por lo tanto, hay una contemplación expresa del fenómeno digital, que abarcaría a las redes sociales y a las plataformas digitales de contenido como es YouTube.

La publicidad encubierta, de acuerdo con el art. 26 de la LCD, ha de ser capaz de inducir a error, es decir, ha de haber un riesgo de confusión, o sea, de error potencial, no es preciso que se produzca el error para que se dé. Por añadidura, tiene que llevarse a cabo directa o indirectamente; en tal sentido, las comunicaciones de los influencers pueden consistir en la mención expresa o la exhibición de un producto de una marca, recomendando su uso o haciendo referencia a sus virtudes, por haberlo probado o probándolo en el acto de comunicación; o aludir a una marca en un enlace o emplazar el producto (en todos estos casos previos habría *product placement*) en la comunicación; si cumple con los requisitos, el *product placement* sería lícito, porque es importante diferenciar entre publicidad encubierta y *product placement* o emplazamiento publicitario); con ello observamos que el legislador establece una exigencia amplia.

4. La LGCA, art. 122.3, prohíbe la publicidad encubierta. Ha de consistir en la presentación verbal o visual, de manera directa o indirecta, de bienes, servicios, nombres, marcas o actividades, y que de forma

---

13. TATO PLAZA, A., «Prácticas comerciales engañosas...», *op. cit.*, p. 554, alude a la necesidad del propósito publicitario o comercial.
     Vid. STS (Sala Contencioso-Administrativa) de 30 de julio de 2013 (nº 6965/2010), referida a la publicidad encubierta de bebidas alcohólicas en un supuesto litigioso en televisión, que establece que: *«La publicidad encubierta, por su propia mecánica, implica una promoción comercial no explícita o clara, sino que se hace de forma subliminal con ocultación de la finalidad publicitaria, por lo que se crea un indudable riesgo de provocar error en los consumidores, invitándoles o inclinándoles de forma subrepticia, no consciente, al consumo del producto exhibido o presentado.».* Hemos de matizar las afirmaciones del TS, atendiendo a que la publicidad encubierta no es subliminal, ya que en el caso de esta última estamos ante aquella que no puede ser percibida conscientemente por los sentidos.

intencionada cuente con un propósito publicitario y que pueda inducir a error sobre su naturaleza en tal presentación al público. La referencia a la exigencia de que ha de ser de manera intencionada se cumple en los supuestos en los que los influencers llevan a cabo comunicaciones, atendiendo a que las realizan casi siempre a cambio de una contraprestación; es decir, casi siempre no es causal que en comunicaciones en redes sociales o en plataforma digitales de contenido, al igual que en otros medios, como es la televisión o la radio, se aluda a marcas, la intención es promocional y por ello publicitaria.

5. La Directiva de Servicios de Comunicación Audiovisual en su versión actual, de 2018 establece que los plataformas de intercambio de vídeos han de poner a disposición de los usuarios (que serían los influencers), medios, funcionalidades y herramientas necesarios para garantizar que queden identificadas las comunicaciones audiovisuales llevadas a cabo mediante sus canales [art. 28 *ter* c)][14]. Hemos de criticar la terminología utilizada por la Directiva de Servicios de Comunicación Audiovisual en su versión de 2018 al aludir a «plataformas de intercambio de vídeos», ya que lo habitual es que en redes sociales o plataformas digitales de contenido no se intercambien vídeos sino que se pongan a disposición de sus destinatarios.

La LGCA sigue la estela de la Directiva de Servicios de Comunicación Audiovisual en su versión de 2018, plasmando la precitada obligación en el art. 91.2 b). Así, se formula del siguiente modo: las llamadas también en la LGCA, siguiendo el mandato de la UE, plataformas de intercambio de vídeos tienen que contar con una funcionalidad para que los usuarios que suban vídeos (como decíamos, es el caso de los influencers) declaren si a su entender, o hasta donde cabe razonablemente esperar que llega su entendimiento, tales vídeos incluyen publicidad.

El Reglamento (UE) 2022/2065 del Parlamento Europeo y del Consejo de 19 de octubre de 2022, relativo a un mercado único de servicios

---

14. *Vid.* OTERO COBOS, MARÍA TERESA, «Los "influencers" como medio de comunicación audiovisual», *op. cit.,* p. 317.

digitales y por el que se modifica la Directiva 2000/31/CE[15] (Reglamento de Servicios Digitales, también conocido como DSA —*Digital Services Act*—)[16], que tiene por finalidad crear un entorno seguro y de confianza en Internet, pone de manifiesto los riesgos significativos de la publicidad en línea (actos publicitarios ilícitos, como pueden ser los que se refieren a la igualdad de trato, la presentación discriminatoria o de igualdad de oportunidades de los ciudadanos).

Establece que los prestadores de plataformas en línea que presenten «*anuncios publicitarios*» en sus interfaces en línea han de asegurarse de que por cada «*anuncio publicitario*» concreto presentado a cada destinatario específico los destinatarios puedan identificar de forma clara, concisa e inequívoca y en tiempo real una serie de datos[17]. Pero no es aplicable a la publicidad encubierta llevada a cabo por los influencers, teniendo en cuenta que se alude a «anuncios publicitarios», cuyo formato encaja en la modalidad de anuncio publicitario tradicional o *spot*, o *banners* o *pop-ups* o ventanas emergentes cuando se trate de motores de búsqueda, no consiste en la inserción de marcas, productos y/o servicios a lo largo de las comunicaciones, que son las formas más habituales de

---

15. *Vid.* HELDT, AMÉLIE P., «EU Digital Services Act: The White hope of intermediary regulation», en Flew, Terry y Martín, Fiona R. (editores), *Digital Platform Regulation. Global Perspective on Internet Governance,* Palgrave Macmillan, 2022, p. 71-77, para analizar el proceso hasta la adopción de la norma.
    Vid. también BUITEN, MIRIAM C., «The Digital Services Act from intermediary liability to platform regulation», *Journal of Intellectual Property Infomation Technology and Electronic Commerce L.,* 361, 2021, p. 361-380.
    Vid. TURILLAZZI, AINA, TADDEO, MARIAROSARIA, FLORIDI, LUCIANO y CASOLARI, FEDERICO, «The Digital Services Act: An analysis of its ethical, legal, and social implicatoins», *Law, Innovation and Technology,* vol. 15, nº 1, 2023, p. 83-106.
16. DOUE nº 277, de 27 de octubre de 2002.
17. Estos datos son los siguientes:
    — que se encuentran ante un anuncio publicitario, particularmente a través de indicaciones destacadas, precisando que podrían ser fijadas por normas de *soft law*,
    — la persona física o jurídica en cuyo nombre es difundido el anuncio publicitario,
    — la persona física o jurídica que haya pagado por el anuncio publicitario,
    — información significativa accesible directa y fácilmente desde el propio anuncio sobre los principales parámetros usados para determinar el destinatario a quien se presenta el anuncio publicitario y, si fuera procedente, sobre cómo cambiar tales parámetros.

publicidad realizadas por los influencers, mezcladas con el resto de la comunicación no publicitaria.

Se refiere la norma a anuncios publicitarios personalizados, y no siempre estamos ante este tipo de actos publicitarios cuando son llevados a cabo por influencers.

Sorprende muchísimo el Reglamento de Servicios Digitales porque establece una definición diferente para *«publicidad»* y *«comunicación comercial»*. Estima que es publicidad toda información diseñada para la promoción del mensaje de una persona física o jurídica, con independencia de si trata de alcanzar fines comerciales o no, que sea presentada por una plataforma en línea en su interfaz en línea a cambio de una remuneración específica por la promoción de tal información. Para comunicación comercial se remite a la definición dada en la Directiva de Comercio Electrónico; de modo que se trata de toda forma de comunicación con la finalidad de promocionar directa o indirectamente bienes, servicios o la imagen de una empresa, organización o persona con una actividad comercial, industrial, artesanal o de profesiones reguladas, aclarando que no serán consideradas comunicaciones comerciales en sí mismas las que siguen:

Vid. RANGANATHAN, NAYANATARA, «Regulating influence, timidly», en Van Hoboken, Joris, Quintais, Joao Pedro, Appelman, Naomi, Fahy, Ronan, Buri, Ilaria y Straub, Marlene (editors), *Putting the DSA into Practice. Enfoircement, access to justice and global implications,* Verfassungsbooks, 2023, p. 202.
Vid. también DE MIGUEL ASENSIO, PEDRO ALBERTO, «Obligaciones de diligencia y responsabilidad de los intermediarios: El Reglamento (UE) de Servicios Digitales», *La Ley Unión Europea,* nº 109, diciembre, 2022.
Como señala VÁZQUEZ RUANO, TRINIDAD, «Alcance del uso de Internet y sus efectos en el ámbito publicitario y contractual tras la situación generada por la COVID-19», en Guerrero Lebrón, María Jesús y Alvarado Herrera, Lucía (Dirección), *El Derecho Mercantil y la pandemia: algunos problemas del pasado, la crisis coyuntural y las perspectivas futuras. Libro Homenaje a Agustín Madrid Parra,* Colex, 2023, p. 176, el legislador de la UE con el Reglamento de Servicios Digitales impone unas obligaciones de transparencia publicitaria de mayor rigor que las recogidas en la regulación precedente.
Vid. también CASADO NAVARRO, A., «Publicidad encubierta a través de influencers: normativa aplicable...», *op. cit.*

los datos que posibilitan acceder directamente a la actividad de la empresa, organización o persona y, en concreto, el nombre de dominio o la dirección de *e-mail*.

— las comunicaciones sobre bienes, servicios o la imagen de la
— empresa, organización o persona que se lleven a cabo de manera independiente de ella, particularmente cuando se elaboran sin contrapartida económica.

La utilización de términos diversos complica el entendimiento del Reglamento de Servicios Digitales.

El art. 39 del Reglamento de Servicios Digitales impone obligaciones reforzadas de información para los prestadores de plataformas en línea de muy gran tamaño o de motores búsqueda en línea de muy gran tamaño[18] que incorporen «*anuncios publicitarios*» en sus interfaces. En este caso no se refiere la norma a anuncios publicitarios personalizados pero sí a «anuncios publicitarios», en consecuencia, se produce el mismo impedimento de aplicación a la publicidad encubierta de los influencers que señalamos precedentemente. Sin duda el legislador de la UE podía haber aprovechado este instrumento legislativo para extender la norma a otras formas publicitarias distintas de anuncios publicitarios tradicionales.

6. Es publicidad encubierta porque oculta la finalidad persuasiva[19]. Preocupa la posición de los menores de edad, debido a que se encuentran más ajenos al control parental cuando acceden a información a través de dispositivos electrónicos. De hecho los menores de edad jóvenes tienen menor control y mayor acceso libre a contenidos, incluidos los publici-

---

18. Como señalan SAGAR, SANDER y HOFFMANN, THOMAS, «Intermediary liability in the EU Digital Common Market-from the E-Commerce Directive to the Digital Services Act», *Revista de Internet, Derecho y Política*, nº 34, diciembre, 2021, p. 7, estas plataformas digitales se someten a medidas de transparencia más estrictas debido a su importancia.
19. MARTÍNEZ-RODRIGO, ESTRELLA y SÁNCHEZ MARTÍN, LOURDES, «Publicidad en Internet: Nuevas vinculaciones en las redes sociales», *Revista de Comunicación Vivat Academia,* diciembre, 2011, nº 117, p. 470, ponen de manifiesto que el objetivo de la publicidad ha sido siempre persuadir a los potenciales clientes para que consuman el producto objeto del acto publicitario.

tarios, mediante *tablets*, móviles u ordenadores portátiles[20]. La publicidad encubierta realizada en redes sociales, principalmente por influencers, no encaja en la prohibición de exhortaciones directas para la adquisición de bienes o la contratación de servicios (considerada como publicidad ilícita) recogida en el art. 3 b) de la LGP[21], debido a que no se daría la incitación directa, al intentarse ocultar precisamente el fin persuasivo del acto (publicitario). Nos ocupamos específicamente en el último capítulo de esta monografía de los menores de edad.

Con este tipo de publicidad se induce a error a los destinatarios, como ha puesto de manifiesto la STS (Sala Contencioso-Administrativa) de 24 de abril de 2012[22], que precisa que la presentación de un producto de manera no clara y precisa, o sea encubierta, es una forma de colaborar decisivamente a que el consumidor incurra en error. Como señala la SAN (Sala de lo Contencioso-Administrativa) de 23 de septiembre de 2022[23] la publicidad encubierta implica indudables ventajas para los anunciantes por falta de reconocimiento del verdadero carácter del mensaje por los destinatarios, los mensajes que se identifican como publicitarios tienen un menor impacto, debido a que el propósito comercial que implican conlleva un conflicto de intereses que el subconsciente inmediatamente valora, disminuyendo la atención y retención.

---

20. LAMBRECHT, INGRID, VERDOODT, VALERIE y BELLON, JASPER, «Platforms and commercial communications», *op. cit.,* p. 58, se refieren a la realidad de la preferencia que tienen los jóvenes por las plataformas digitales, ya sean canales televisivos o redes sociales. Destacando la elaboración de formas publicitarias específicas para niños que dificultan la diferenciación entre el contenido no publicitario y el de este tipo.
      Como aclaran MORENO, MEGAN A., D'ANGELO, JON y WHITEHILL, JENNIFER, «Social Media and Alcohol: Summary of Research, Intervention Ideas and Future Study Directions », *Media and Communication,* vol. 4, Issue 3, 2016, p. 50, los adolescentes son la generación digital, nativos digitales, que han crecido con las nuevas tecnologías y han accedido a ellas desde una edad muy temprana.
      Tal y como especifican LAMBRECHT, I., VERDOODT, V. y BELLON, J., «Platforms and comercial communications..», *op. cit.,* p. 71, la publicidad en particular audiovisual ha de ser reconocible como tal.
21. En tal sentido *vid.* las reflexiones que realizamos en una obra previa: RAMOS HERRANZ, ISABEL, *La protección de los menores de edad en la publicidad infantil de juguetes,* Cizur Menor, Thomson Reuters Aranzadi, 2019, p. 33.
22. Nº 03/3262/2008.
23. Id. CENDOJ 28079230012022100379.

7. Cuando operan los *influencers* nos encontramos ante un subtipo de publicidad testimonial; no hay que dejar de lado el gran impacto que tienen los influencers en sus seguidores o *followers* porque fijan sus gustos, hábitos o elecciones[24]. Que ha de adecuarse a las normas aplicables al producto concreto, de modo que atenderemos al producto y/o servicio promocionado[25] para determinar un bloque relevante del régimen jurídico aplicable.

II. FORMAS DE IDENTIFICACIÓN DEL ACTO PUBLICITARIO

1. Un elemento importante sobre el que hay que reflexionar es cómo se tiene que informar al destinatario de que se encuentra ante un acto publicitario, ante una comunicación de tal tipo[26]. Lo más correcto es que se incluyan los términos «publicidad», «publi» o «anuncio» si es un acto publicitario que mayoritariamente será visionado por público de habla española[27]; no sería correcto, en consecuencia, porque no se percibiría como un aviso de la existencia de un acto publicitario, incluir términos tales como «ad» o «advertising»; estimamos que no se informa lo sufi-

---

24. CARPENTER, CRAIG C., «Don't beleive everything you read on Twitter-The Federal Trade Commission's regulation of celebrity endorsements on social media», *Entertainment Law,* Spring, 2012, p. 1-2.
     Vid. también BENDITO CAÑIZARES, M. T., «La autenticación de la publicidad y anunciante en la publicidad nativa…», *op. cit.* Y TATO PLAZA, A., «La publicidad a través de "influencers"», *op. cit.*, p. 402.
25. Ejemplo de ello es el pronunciamiento del TS relativo a la aplicación de las normas sobre publicidad de productos sanitarios a la publicidad odontológica utilizando personas famosas para ello, en la STS 668/2019, Sala de Lo Contencioso-Administrativo, Sección 3ª, de 5 de marzo de 2019.
26. *Vid.* LAMBRECHT, I., VERDOODT, V. y BELLON, J., «Platforms and commercial communications…», *op. cit.,* p. 65, que entran dentro de los principios propios de la Directiva de Servicios de Comunicación Audiovisual; informar al consumidor de que se trata de un acto publicitario, como señalan los autores, es esencial para que tome una decisión comercial adecuada.
27. TATO PLAZA, A., «Aspectos jurídicos de la publicidad…», *op. cit.,* entiende que la advertencia expresa de la naturaleza publicitaria, en actos realizados por *influencers* en general, no en el emplazamiento de producto (que es más difícil de detectar), se daría incorporando indicaciones como «publicidad» o «publi», que otorgan información de manera directa sobre la naturaleza publicitaria del mensaje, estimando que han de ser consideradas por sí solas suficientes.

cientemente al destinatario[28] si incluimos un hastag, ya que puede confundirse la información, es más debería figurar en párrafo aparte y de un modo destacado (desde luego si se ubica en mayúsculas el cumplimiento sería impecable)[29].

2. No es exportable literalmente la solución adoptada en Reino Unido por la *«Influencers» Guide to Making Clear tha Ads are Ads* de la *Competition and Marketing Authority (CMA)*, *The Advertising Standars Authority (ASA)* y *The Committee of Advertinsing Practices (CAP)*[30] británicas, que recomiendan incluir términos como «#Ad», «#Advert», «#Advertising», «#Advertisement» o «#AdvertisementFeature», señalando que puede ser incluido el hastag o no. «Ad» no es un término comprensible por la mayoría del público destinatario de estos formatos publicitarios en los supuestos que hemos señalado previamente, ni siquiera aunque tengan conocimientos del idioma inglés, ni por la mayoría del público de habla española que habla a su vez inglés[31]; sí es utilizable el criterio relativo a que tiene que darse el entendimiento de que nos encontramos ante

---

28. BOERMAN, SOPHIE C., «The effects of the standardized Instagram disclosure for micro-and mesoinfluencers», *Computer in Human Behavior,* 103, 2020, p. 200, llama la atención sobre la necesidad de que el destinatario de la publicidad la reconozca como tal, se dé cuenta de la finalidad persuasiva, oculta precisamente en este tipo de actos de comunicación llevados a cabo por los *influencers*; solamente cuando los destinatarios están informados pueden reflexionar y responder correctamente.

29. En similar sentido, TATO PLAZA, A., «Aspectos jurídicos de la publicidad...», *op. cit.,* que, al analizar la ubicación de la advertencia de la naturaleza publicitaria de un mensaje realizado por un *influencer,* destaca su importancia (para la comprensión de la existencia de un acto publicitario). Estimando que la advertencia ha de incorporarse en el propio mensaje y ha de informar del carácter publicitario de manera inmediata (no en un mensaje diferente y autónomo).

30. Que ya se encuentra en su 3ª edición, de marzo de 2023.

31. No obstante, se pronuncia erróneamente en contra MARTÍNEZ OTERO, J., «Nuevas formas de publicidad...», *op cit*., p. 18 (del formato electrónico de la base de datos Aranzadi), que estima que la etiqueta o hastag «ad» cubre las exigencias de información de la audiencia, lo mismo que las expresiones en inglés, ya que pese a ser una palabra inglesa el usuario medio de Internet entiende sin problemas su significado; excluyendo sin embargo expresiones como «spon» (esponsorizado) o enlaces con la palabra «legal» o «más información», al no ser lo suficientemente indicativas, no cubriendo las exigencias del principio de autenticidad. Como hemos señalado en el texto, los hablantes de lengua española no suelen tener conocimientos de inglés muy elevados y cuando los tienen no identifican el significado de la referencia «ad».

un acto publicitario con especial protección para los consumidores y usuarios para que el acto publicitario sea lícito.

3. La *Federal Trade Commission* (FTC) norteamericana ha abordado la posición de los *influencers* en redes sociales ante actos publicitarios como se refleja en *Disclosures 101 for Social Media Influencers*, que comienza indicando que si el *influencer* no tiene ninguna relación con la marca y simplemente está hablando acerca de un producto no tiene que hacer una declaración de relación con ella. Llamando a que se utilice un lenguaje claro. Si se da la existencia de publicidad, recomienda que se acuda a términos tales como «advertisement», «ad» o «sponsored». Específicamente para Twitter, con un espacio limitado, recomienda términos como «AcmePartner» o «Acme Ambassador» (teniendo en cuenta que «Acme» alude al nombre de la marca). Y desaconseja, acertadamente, términos vagos o confusos como «sp», «spon» o «collab». Y concreta que el idioma debe ser el mismo que el utilizado en el «discurso»; lo cual nos resulta totalmente correcto, en la línea que hemos indicado previamente, ya que no es apropiado que se incluyan *v. gr.* en un vídeo en español de un *influencer* advertencias de la existencia de un acto publicitario en inglés (ya sea utilizando palabras completas o abreviaturas o algunas letras)[32].

---

32. CARR, NANCI K., «"#SP" or "Thanks (Brand)" is not enough: FTC Guides for Social Media Incluencers on Edorsements and Testimonials», *Wake Forest Law Review*, vol. 9, 2019, p. 67-68, alude al importante trabajo y esfuerzo de la FTC para elaborar recomendaciones de cara a evitar problemas de información de la existencia de un acto publicitario por parte de los *influencers*. Todo ello como mandato de los términos de la Federal Trade Commission Act, en la que se indica que *«unfair or deceptive trade practices are ilegal»*.
HOBSON BROWN, LAURA y ALONZO, DUSTIN C., «Online Advertising and Marketing Developments», *The Business Lawyer*, vol. 73, Spring, 2018, p. 518-519, recogen una etapa previa, en la que la FTC remitió cartas a los *influencers* (como atletas o *celebrities*) así como a sus compañías de marketing en 2017, educándoles al respecto para que se situaran en la línea de la FTC's.com *Disclosures*. A pesar de los esfuerzos mostrados en el texto y en esta nota a pie, TERRY, CHRISTOPHER, SILBERBERG, LEE Y SCHMITZ, STEPHEN, «Throw the Book at Them: Why the FTC Needs to Get Tough with Influencers» TPRC Conference Submission, 29 de enero de 2021, p. 1-31, estiman que la FTC ha fallado en informar de la existencia de actividad publicitaria en los actos de los *influencers*, aunque haya cartas de 2017 y las sucesivas actualizaciones de sus recomendaciones.

Actualmente, en la página *web* de la FTC figuran los *FTC Requirements to Influencers,* precisando que son suficientemente claros términos como «#ad», «#advertisement» y «#sponsored», pero que no lo son: «#gift», «#thanks to(brand)» ni «#(brand)ambassador».

4. La Ley francesa sobre influencers (la Ley n.º 2023-451, de 9 de junio de 2023, *visant à encadrer l'influence commerciale et à lutter contre les dérives des influenceurs sur les réseux sociaux*), en su art. 5.1, primero, exige que se informe explícitamente; indicando, en segundo lugar, que el modo en el que se hará será incorporar las palabras «publicidad» o «colaboración comercial».

En tercer término, se ocupa de otro aspecto sin duda esencial: la mención tiene que ser clara, legible e identificable sobre la imagen o sobre el vídeo bajo todos los formatos y durante todo el tiempo que dure la promoción. Hila fino el legislador galo, para evitar la escapada del mandato legislativo en la elaboración de contenido difundido por vía electrónica por influencers.

Entre otras sanciones[33], la falta de información sobre la auténtica finalidad comercial en los términos señalados se considera como un acto o práctica desleal por omisión (de acuerdo con el art. L. 121-3 del *Code de la Consommation* francés). El legislador español ya sabemos que no enfoca de este modo exactamente la regulación, en la que no incorpora expresamente la palabra «influencer»; lo más cercano en cuanto a mención casi expresa es el art. 26 de la LCD, que se refiere a la sociedad de la información y a las redes sociales, es un acto desleal en las relaciones con los consumidores y usuarios, y como ya hemos señalado previamente en este mismo capítulo se aplicaría también el art. 7 de la LCD (omisiones engañosas), en el que no hay alusión expresa claro ni cercana a los influencers, pero regiría por ocultar la finalidad promocional del acto publicitario. El Reglamento de la UE de Servicios Digitales elude el término «influencer», pero su contenido claramente sería de aplicación a ellos y en concreto cuando lleven a cabo actividades publicitarias disciplinadas en esta norma jurídica.

---

33.   Es considerado un ilícito penal (bajo pena de prisión de 2 años) y una multa de 300.000 euros.

5. El español Código de Conducta sobre el Uso de Influencers en la Publicidad de Autocontrol de 2020[34], primero, parte del principio de que no ha de quedar identificada la publicidad, la existencia de ella, cuando la naturaleza publicitaria del acto se extraiga de forma clara y manifiesta de la propia mención o contenido; norma deontológica incorrecta, ya que, la confusión que pueden causar las comunicaciones llevadas a cabo por los influencers, con contenido publicitario mezclado con otro tipo de contenido, hacen necesaria su identificación. Continúa señalando este código de conducta que si la naturaleza publicitaria no se deriva de forma clara y manifiesta de la mención o contenido, es preciso *«incluir una indicación explícita, inmediata y adecuada al medio y mensaje sobre la naturaleza publicitaria de tales menciones o contenidos»*[35]. En segundo lugar, para identificar el acto publicitario llevado a cabo por el *influencer*, el código de conducta de Autocontrol analizado recomienda el uso de indicaciones genéricas como «publicidad», «publi», «en colaboración con», «patrocinado por», o alternativamente descriptivas de acuerdo con la concreta colaboración [del tipo «Embajador de (marca)», «Gracias a (marca)», «Regalo de (marca)», «Viaje patrocinado», etc.][36]; no aconsejando el uso de otras indicaciones por no mostrar de forma transparente la finalidad publicitaria, como sería el caso de alusiones genéricas, del tipo «información», «legal» o similar, referencias que impliquen una acción por el usuario (como sería v. gr. hacer clic) o indicaciones poco claras (como son «Colab», «Sponso» o «sp»). Este código de conducta de Autocontrol aclara, oportunamente, que la indicación sobre la naturaleza publicitaria de la mención o del contenido ha de mantenerse en los supuestos en los

---

34. *Vid.* GUTIÉRREZ GARCÍA, E., «La publicidad encubierta de influencers...», *op. cit.*

35. Como señala BENDITO CAÑIZARES, M. T., «La autenticación de la publicidad y anunciante en la publicidad nativa...», *op. cit.,* no servirá de nada la preocupación por el lenguaje y por el carácter inteligible de la etiqueta o la abreviatura si procedemos a ubicar la información relativa a la existencia de publicidad en un lugar poco accesible al consumidor.

36. En el mismo sentido CISNEROS ARIAS, M. I., «Influencers y publicidad encubierta», *op. cit.*

que el *influencer* comparte o «repostea» el contenido en otras redes, plataformas o páginas *web*[37].

El código de conducta español objeto de estudio realiza dos importantes matizaciones:

a) Ha de tenerse en cuenta el art. 7 de la LCD (omisiones engañosas), al limitar el peso de las obligaciones que soportan en este caso los anunciantes y los *influencers*, puesto que señala que cuando el medio de comunicación imponga limitaciones de espacio o tiempo, para evaluar la existencia de una omisión de información hay que valorarlas junto con todas las medidas tomadas por el empresario o profesional para dar la información por otros medios. Y lo hace acertadamente para otros puntos exigibles jurídicamente, no para la información relativa a que estamos ante un acto publicitario; los vídeos difundidos por los influencers p.e en Instagram son cortos o relativamente cortos (limitación temporal) y cuando son visionados en la pantalla de un móvil sobre todo pequeño es difícil de detectar todas las posibles incorporaciones que hayan realizado los influencer y sus asesores[38], y ellos no podrán insertar absolutamente toda la información para cumplir con todos los aspectos impuestos por el Ordenamiento Jurídico; pero, la palabra «publicidad» o «publi» tiene perfecta cabida y suele ser incorporada por los influencers cumplidores.

b) En segundo término, si no existiese un perfil objetivamente fijado, se entenderá como perfil medio de consumidor habituado a seguir a un *influencer* no cualquiera sino aquel consumidor activo y conocedor de las nuevas tecnologías de la información, normalmente atento e informado, con capacidad suficiente para el acceso y comprensión de los medios digitales y la autonomía de buscar, discriminar y adaptar los contenidos de la red en su

---

37. Tiene todo el sentido la matización, atendiendo a que si desaparecen las advertencias de la existencia de un acto publicitario, volveríamos al principio, a la falta de transparencia y con ello de claridad y, en consecuencia, a la desinformación del destinatario del acto publicitario.
38. También hay que tener en cuenta que en ocasiones la brevedad del vídeo impide que se detecte por el usuario toda la información que incorpora el influencer.

proceso de navegación en función de sus gustos o intereses[39]. Tampoco nos parece conveniente este perfil de destinatario del acto publicitario, atendiendo a que muchos usuarios que reciben contenido realizado por influencers carecen de los conocimientos de los que se parte.

El Jurado de la Publicidad de Autocontrol (Sección 4ª) en su Dictamen de 28 de noviembre de 2019, Particular (Transfronteriza ASA) vs. Paulina Eriksson[40], resuelve al respecto antes del Código de Conducta sobre el Uso de *Influencers* en la Publicidad de Autocontrol de 2020, sobre un mensaje en Instagram redactado en inglés, en el que se insertaba publicidad encubierta, que consideró publicidad contraria al principio de autenticidad que recoge la norma 13 del Código de Conducta Publicitaria de Autocontrol. En el mensaje se añadió la advertencia «ad», se incorporó al final del mensaje y como estima el Jurado de la Publicidad de Autocontrol de forma diluida, de manera que pasó desapercibida totalmente para los destinatarios; lo que se sitúa en la línea que hemos apuntado previamente.

El Jurado de la Publicidad de Autocontrol, ya en aplicación del Código de Conducta sobre el Uso de *Influencers* en la Publicidad, dicta la Resolución de 5 de marzo de 2021 de la Sección Séptima del Jurado, por la que se estima la reclamación presentada por un particular frente a una comunicación comercial de la que es responsable la empresa Samsung Electronics Iberia, S.A., señalando que:

---

39. CERNADAS LÁZARE, MARTA, «La incidencia de la inteligencia artificial en la figura del consumidor medio y la apreciación del riesgo de confusión», en García Pérez, R. y Cernadas Lázare, M. (Dirección) y Filgueira Lureiro, I., (Coordinación), *El Derecho de marcas y de la competencia ante las tecnologías de vanguardia*, Tirant lo Blanch, p. 154 y ss., analiza el parámetro utilizado en el campo del Derecho de Marcas, y también usado en el Derecho de la Publicidad, el del consumidor medio, razonablemente informado, atento y perspicaz, y si este parámetro ha cambiado con la incursión de la inteligencia artificial (IA: o AI —*Artificial Intelligence*, cuando se alude a ella en lengua inglesa—); plantea y analiza si ha de cambiarse para adecuarse a los nuevos contextos; *vid.* las reflexiones de la autora en este interesante capítulo de libro.

40. *Vid.* noticia de ROSAL, PEDRO, «Primer aviso a la publicidad de los "influencers"», *El País*, 26 de enero de 2020.

Según la norma 5 del Código de influencers, «*La naturaleza publicitaria de las menciones realizadas por influencers o de los contenidos digitales divulgados por estos, que tengan tal consideración publicitaria, deberá
ser identificable para sus seguidores. En aquellos casos en los que dicha
naturaleza publicitaria no sea clara y manifiesta a la vista de la propia
mención o contenido, se deberá incluir una indicación explícita, inmediata
y adecuada al medio y mensaje sobre la naturaleza publicitaria de tales
menciones o contenidos. (…)*».

> «*Ha de señalarse, por lo demás, que el principio de identificación de la publicidad
> que recoge esta norma no supone más que la aplicación —en el ámbito específico de
> la publicidad a través de influencers— del principio general de identificación que
> rige para toda actividad publicitaria en virtud el artículo 9 de la Ley General Publi-
> cidad, y que conlleva la prohibición a nivel legal de la publicidad encubierta, a través
> de los artículos 5, 7 y 26 de la Ley de Competencia Desleal.*».

Especificando que en el caso la indicación del acto publicitario se había
realizado a través del hastag «#ad» y no la considera suficiente para
cumplir con el precitado código, atendiendo a que, «*tal y como ya señaló
el Jurado de la Publicidad en su Resolución de 19 de enero de 2021, no hay
que olvidar que «el término anglosajón "ad" para supuestamente desvelar la
naturaleza promocional del mensaje que se difunde no es un recurso que
permita al consumidor medio advertir inequívocamente su carácter publicitario, ya que no puede descartarse que aquél desconozca su significado*».
Y, en segundo término, es inadecuada la supuesta advertencia de la presencia de un acto publicitario debido a que «*tampoco la ubicación resul-
taría conforme con las previsiones de la norma. En efecto, el hashtag "#ad"
contenido en la publicidad reclamada no se incluye de manera inmediata,
junto al título de la fotografía o al inicio de los mensajes, de manera que el
destinatario conozca desde el primer momento que se trata de un contenido
publicitario, sino que aparece en último lugar y diluido entre otras indicaciones y hashtags, con un elevado riesgo de que pase fácilmente desaperci-
bido.*».

El Jurado de la Publicidad de Autocontrol (Sección 4º) ha dictado un
Dictamen de 26 de abril de 2024 al hilo de la reclamación de Riverss en
el asunto Bebida Riverss, Influencers[41]. En la reclamación se planteaba

---

41.　Nº de asunto 89/R/abril.

que una publicación de un influencers, en la que aparecía esta persona mostrando una botella en un local de ocio, insertando como texto: «*Ya la tenéis disponible en vuestro supermercado de confianza y en bazares de alimentación*», señalando lo sabores de las bebidas; la reclamante alegó que estábamos ante publicidad encubierta, atendiendo a que no se indicaba el propósito publicitario de la publicación. El Jurado ha estimado que la publicación implicaba un supuesto de publicidad encubierta, que incumplía la norma 13 del Código de Conducta Publicitaria de Autocontrol (es decir, el principio de autenticidad); entendiendo que en el mensaje concurría finalidad publicitaria y que dicho propósito no era perceptible por los consumidores.

III. PUBLICIDAD ENCUBIERTA EN EMISIONES RADIOFÓNICAS

1. No olvidemos que la publicidad encubierta de influencers también puede realizarse fuera de Internet, en una comunicación radiofónica o televisiva, en la que se ensalcen las virtudes de un producto y/o un servicio de una marca sin indicarse la finalidad publicitaria de forma clara.

La actividad publicitaria encubierta en retransmisiones radiofónicas o mediante audio son frecuentes. El presentador o los colaboradores llevan a cabo alusiones a marcas sin pausas ni identificación de la finalidad publicitaria. En la retransmisión de acontecimientos deportivos en emisiones radiofónicas, especialmente de fútbol, se suele realizar publicidad de bebidas alcohólicas, lo que rompe la necesaria separación entre el consumo de alcohol y el deporte. La LGP ya alude a la publicidad de bebidas alcohólicas en retransmisiones radiofónicas, no expresamente pero sí, tras la modificación del art. 5.5 de la LGP llevada a cabo por la LGCA en 2022, al referirse a comunicaciones audiovisuales (entre la que se encuentran las retransmisiones radiofónicas); no está permitida la publicad de bebidas alcohólicas con una graduación superior a 20, salvo de 1:00 a 5:00 h; se regula incentivando en cierta medida la publicidad de bebidas alcohólicas, además de una graduación alcohólica elevada, dejando de lado el anterior texto de la LGCA, en el que la publicidad de bebidas alcohólicas con una graduación superior a 20 no estaba permita en televisión, a ninguna hora; no obstante, se logra la extensión de la prohibición dentro de una franja horaria amplia a las retransmisiones radiofónicas.

2. El art. 123.3 de la LGCA regula la publicidad de bebidas alcohólicas en comunicaciones audiovisuales, por tratarse de productos nocivos para la salud. Así, la publicidad de tales bebidas no puede estar dirigida específicamente a menores de edad; no se puede asociar el consumo de bebidas alcohólicas con la mejora del rendimiento físico o la conducción de vehículos, regulación que tiene todo el sentido, puesto que el consumo de bebidas alcohólicas en nada mejora el rendimiento físico, al contrario, y, por supuesto, es pernicioso para la conducción de vehículos; tampoco pueden realizarse actos publicitarios en los que el consumo de bebidas alcohólicas dé la impresión de que contribuye al éxito social o sexual, o lo asocie, vincule o relacione con ideas o pensamientos que contribuyan al éxito personal, familiar, social, deportivo o profesional, en este caso nos encontramos igualmente ante una disciplina jurídica adecuada y detallada, más amplia que la LGCA de 2010, para poner un filtro estrecho a los actos publicitarios de esta naturaleza que suelen ser frecuentes y que llevan a comportamientos de meridiana vinculación entre la ingesta de bebidas alcohólicas y el éxito social y particularmente el sexual, cuando no hay una relación, evidentemente; no obstante, hemos de matizar que la asociación del consumo de bebidas alcohólicas y la diversión está permitida en nuestro ordenamiento jurídico, de ahí la multiplicidad de actos publicitarios que utilizan esta vía.

No es posible vincular el consumo de bebidas alcohólicas con propiedades terapéuticas o efectos estimulantes o sedantes en actos publicitarios audiovisuales. La asociación de la ingesta de bebidas alcohólicas y sus propiedades supuestamente sedantes o estimulantes es demasiado frecuente, llevando a la adicción a las bebidas alcohólicas o al menos a un consumo inmoderado e innecesario, además de peligroso para los que las consumen y para los que están a su alrededor. Ni tampoco está permitido presentar la ingesta de bebidas alcohólicas como un método para solventar conflictos; evidentemente, no es así, incentiva las controversias y los problemas. Ni que tiene beneficios para la salud; lógicamente, el consumo de bebidas alcohólicas perjudica a la salud de los consumidores de dichas bebidas, generando cáncer, problemas y enfermedades de hígado, páncreas y mentales, entre otras; por lo que un acto publicitario que haga pensar que la ingesta de bebidas alcohólicas beneficia a la salud o contribuye a su mejora es por añadidura un acto publicitario de engaño.

Los actos publicitarios no pueden incentivar un consumo inmoderado de bebidas alcohólicas ni fomentar una imagen negativa de la abstinencia y sobriedad. Es sorprendente que la abstinencia como elección de vida sea vista en muchas ocasiones como un elemento negativo. Las comunicaciones publicitarias tienen que insertar un mensaje relativo al consumo moderado y sin riesgo.

Por lo que respecta al horario de actos publicitarios relativos a bebidas alcohólicas, la LGCA, siguiendo la estela del art. 5.5 de la LGP en su versión actual, impone la prohibición de publicidad de tales bebidas cuando tengan una graduación alcohólica superior a 20, salvo de 1:00 a 5:00 h.

La publicidad de bebidas alcohólicas con una graduación igual e inferior 20 solamente puede realizarse de 20:30 a 5:00 h[42]. La LGCA de 2022 rebaja las horas de publicidad de bebidas alcohólicas respecto de su antecesora LGCA de 2010, que la permitía de 20:30 a 6:00 h.; se intenta evitar que los menores de edad escuchen y/o visionen actos publicitarios y se conviertan en nuevos consumidores de dichas bebidas. Sin embargo, igual que hacía la LGCA de 2010, puede llevarse a cabo en otro horario cuando formen parte indivisible de la adquisición de derechos y de la producción de la señal a difundir; excepción pensada para la retransmisión de acontecimientos deportivos, particularmente del fútbol.

Encontrábamos una norma que limitaba la publicidad de bebidas alcohólicas en radio. Se trataba del art. 18.3 e) de la LGCA de 2010, que prohibía la publicidad de este tipo respecto de bebidas alcohólicas con una graduación inferior a 20 grados, y era clara y lógicamente extensible a la publicidad de bebidas alcohólicas con graduación superior a 20, al igual que la regulación más amplia en el art. 123.3 de la actual regulación de la LGCA de 2022, como se deduce de la interpretación dada por la Comisión

---

42. PINA, CAROLINA y MARZO, JAVIER, «La nueva Ley Audiovisual en 8 claves», *Garrigues Digital,* 27 de julio de 2022.

Nacional de los Mercados y de la Competencia (CNMC), y que veremos a continuación, si está y estaba dirigida a menores de edad, incitaba e incita al consumo inmoderado o vinculaba o vincula el consumo con la mejora del rendimiento físico, el éxito social o la salud[43]. Así era porque el art. 18.3 e) de la LGCA, a diferencia de los apartados anteriores del mismo artículo, no se refería exclusivamente a la publicidad en televisión, con lo que este apartado e) era aplicable tanto a la radio como a la televisión, al igual que a los vídeos realizados por particulares y difundidos en plataformas digitales como son las redes sociales (por aplicación de versión de 2018 de la Directiva de Servicios de Comunicación Audiovisual); actualmente, y de forma acertada, la LGCA de 2022 no diferencia y sería aplicable por tanto a todas las comunicaciones audiovisuales.

La Resolución de la CNMC del procedimiento sancionador incoado a Radio Popular, S.A-Cope por el presunto incumplimiento de lo dispuesto en el art. 18.3 e) de la LGCA (de 2010) de 22 de diciembre de 2016[44] fue condenatoria, imponiendo el pago de cuantiosas multas, en concreto, por fomentar comportamientos nocivos para la salud. El 21 de abril de 2016 la Sala de Supervisión Regulatoria de la CNMC requirió a Radio Popular, S.A-Cope para que cesara en la infracción del artículo señalado, advirtiendo que el incumplimiento podría producir la apertura de un expediente sancionador.

Se constató que hubo emisión de actos publicitarios de bebidas alcohólicas (ron y vino) nocivos para la salud en emisiones deportivas (que incluían la retransmisión de acontecimientos deportivos) de la precitada cadena. La CNMC recuerda que la prohibición del art. 18.3 e) de la LGCA de 2010 tenía (y añadimos nosotros, también el actual art. 123

---

43. MARCH CERDÁ, JOAN CARLES, MARTÍN BARATO, AMELIA, LÓPEZ, DOBLAS, MANUELA, LUQUE MARTÍN, NRIA, PRIETO RODRÍGUEZ, MARÍA ÁNGELES Y DANET DANET, ALINA, «La publicidad de bebidas alcohólicas en España y su repercusión en la población adolescente», *Revista Española de Drogodependencias*, 39 (4) 2014, p. 59-76, analizan las cuñas publicitarias de bebidas alcohólicas emitidas del 1 de diciembre de 2006 y 9 de enero de 2007 (período del estudio reflejado en el artículo) en televisión y en radio, y en el caso de la radio (p. 69) observaron cómo transmitían valores de libertad, rebeldía, diversión, éxito, seducción, conocimiento, pertenencia a un grupo y también se asociaban con el éxito social y sexual.
44. SNC/DTSA/048/16/COPE.

de la LGCA de 2022) por finalidad dar cumplimiento al art. 43.2 de la CE, que impone a los poderes públicos que velen por la salud mediante medidas preventivas; igualmente el art. 51.1 de la CE impone a los poderes públicos el deber de garantizar la defensa de los consumidores y usuarios, protegiendo, a través de procedimientos eficaces su salud, entre otros intereses; por ello considera que la CNMC ha de tener un nivel más elevado de vigilancia, ya que el consumo de alcohol puede suponer un importante problema de salud para las personas. Recuerda la CNMC también que incluir publicidad nociva para la salud en retransmisiones deportivas y programas de tal carácter, y en horarios en los que se puede acceder a la información por parte de menores de edad[45] (como se dio en el caso), aunque no esté prohibida, choca con el objetivo del fomento del deporte que deben promover los poderes públicos, de acuerdo con el art. 43.4 de la CE, permitiendo a los anunciantes asociar sus bebidas alcohólicas con los valores positivos inherentes a la práctica deportiva, favoreciendo además, como se dio también en el caso, el consumo inmoderado.

En esta resolución la CNMC aclara, y era necesario, que la LGCA de 2010 fijaba límites para las bebidas con una graduación alcohólica inferior a 20 en el art. 18.3 e) que son aplicables también a las de más de 20 grados cuando la publicidad de bebidas alcohólicas es radiofónica. Aclaración extensible a la actual regulación en la LGCA de 2022.

La CNMC analiza los anuncios objeto del procedimiento. En el caso del primero, relativo a un ron, se destaca el uso creciente del imperativo «bébeme» cuando se hace la descripción del producto y se explica con efectos de sonido la preparación de un cubalibre con la bebida para que sea más atractiva y deseable; el acto publicitario termina con una canción en la que se dan «vivas» a la bebida. También destaca la CNMC que en el anuncio no hay ninguna advertencia, como dice literalmente, *«para contraponer los efectos negativos a las cualidades de la bebida y se destacan sus cualidades sin advertir de ninguno de sus inconvenientes»*, con lo que

---

45. En el mismo sentido LÓPEZ JIMÉNEZ, DAVID y VARGAS PORTILLO, PATRICIA, «A propósito de la normativa de medidas urgentes de liberalización del comercio y de determinados servicios: repercusión sobre las comunicaciones comerciales realizadas en eventos deportivos», *Revista Aranzadi de Derecho de Deporte y Entretenimiento,* nº 54, 2017.

la CNMC alude a los efectos negativos y los inconvenientes que tienen las bebidas alcohólicas. Los anuncios referidos a la marca de vino, dos en particular, se realizan directamente por los locutores, relacionando la bebida alcohólica promocionada con las ideas de reunión social para comer (concretamente, un «picoteo»), que comparte protagonismo con la comida; en el primero de este tipo de anuncios se da relevancia a que lo importante de un encuentro social es el vino, no la compañía de otras personas o la comida; considera la CNMC que al poner el vino como el punto sobre el gue gira el «picoteo» se trasmite la idea de que una reunión divertida tiene que incorporar el consumo de alcohol y por añadidura siempre en una cantidad abundante, de modo que su ausencia no arruine el éxito del encuentro; después de esta idea en este anuncio comienza a sonar un fondo musical en el que se enumeran los alimentos a los que sigue nueve veces la marca de vino anunciada[46], concluyendo con «vivas» al producto, y, por último, incorpora una canción conocida en la que se da las gracias a tal vino por el «picoteo», de manera que la CNMC entiende que con ello se entiende que no es posible el picoteo sin el vino.

El segundo de los anuncios de vino reproduce un evento social casero celebrado en Móstoles, lo que la CNMC establece que subraya su carácter cotidiano, aunando las dos ideas previamente señaladas en el primer acto publicitario relativo al vino, es decir, la importancia esencial del vino en tales celebraciones y su posibilidad de combinación con muchos ali-

---

46. MUELA MOLINA, CLARA y PERLLO OLIVER, SALVADOR, «La publicidad desleal en la radio española: Un análisis empírico», *Doxa Comunicación*, nº 12, 2011, p. 111, llaman la atención sobre la falta de creatividad de los anuncios de radio, con un carácter monótono, repetitivo, anticuado, carente de imaginación, exagerados, que restan credibilidad al global de la comunicación comercial y por ello eficacia al propio anuncio. En el mismo sentido respecto de la falta de calidad de las cuñas de radio y respecto de la consecuencia: la inefectividad, RODERO ANTÓN, E., «Posición serial y recursos atencionales para mejorar el recuerdo en las cuñas de radio», en *Revista Latina de Comunicación Social*, 68, 2014; *vid.* igualmente RODERO ANTÓN, E., «Publicidad en radio: publicidad sí, pero no radiofónica», *Área Abierta,* nº 20, julio, 2008.
Vid. GALÁN ARRIBAS, RAFAEL, «La radio en la era digital. Estudio de caso: Programas de COPE creados para ser consumidos exclusivamente "online"», index.comunicación, vol. 5, nº 1, 2015, p. 244-264. Y GUTIÉRREZ, FRANCISCO y BEJARANO, HILARIO, «Formatos publicitarios en la radio deportiva: De la tradicional cuña publicitaria a la importancia de la figura del animador», *Pensar la Publicidad*, 2011, vol. 5 (2), p. 233-254.

mentos, y, en lo que toca a la cantidad de vino a consumir, el primer anuncio omitía cualquier referencia pero este segundo lo relaciona con el número de invitados para posibilitar que todos ellos puedan tomar la bebida alcohólica en una cantidad suficiente, asociación que se lleva a cabo de manera rápida por el formato de la publicidad dentro de un diálogo aparentemente improvisado y desenfadado de los locutores, lo que a juicio de la CNMC no deja claro si estamos ante un nivel de consumo correcto o alejado de criterios razonables de moderación; en un momento determinado el locutor indica incluso que «*tocamos a dos* (aludiendo a las botellas de vino) *por cabeza»;* y el otro locutor responde «*claro, claro, claro, o sea siete botellas de La Guita en la nevera*», la CNMC considera que así se transmite la idea de que el consumo sin medida es correcto.

Por todo ello resuelve en contra de Radio Popular, S.A-Cope, estimando que ha habido con los tres anuncios publicitarios tres infracciones administrativas graves, imponiendo tres multas de cincuenta mil un euros (50.001 Euros) cada una. Estamos de acuerdo con la resolución de la CNMC en este caso, y añadimos que la falta de separación entre las locuciones de los presentadores (volvemos a recordar que ellos se consideran también influencers) y la publicidad en las retransmisiones radiofónicas, incentiva la influencia indebida de tales locutores y la confusión entre el acto informativo y el publicitario.

En 2016 la CNMC[47] dictó dos requerimientos dirigidos, respectivamente, a Onda Cero y a la Cadena Cope para que limitasen sus actos publicitarios en radio de bebidas alcohólicas, porque habían detectado que algunas de sus comunicaciones publicitarias de estos productos podían asociar el consumo de alcohol con la mejora del rendimiento físico. Estos requerimientos determinaron que tales cadenas de radio debían cesar la emisión de publicidad de bebidas alcohólicas cuando pudiesen fomentar el consumo inmoderado o comportamientos nocivos para la salud. Esta publicidad de bebidas alcohólicas de la Cadena Cope y de Onda Cero se produjeron en retransmisiones de fútbol.

---

47. Nota de prensa de la CNMC de 19 de mayo de 2016. Y los datos de los requerimientos son: para la Cadena Cope REQ/DTSA/009/16, para Onda Cero REQ/DTSA/008/16.

La Decisión 27/2017 sobre publicidad de bebidas alcohólicas en programas deportivos de radio del Consejo Audiovisual de Andalucía (CAA)[48], en la línea de lo que señalamos precedentemente, llama la atención sobre la existencia de publicidad de bebidas alcohólicas en programas deportivos de radio de ámbito nacional que no está identificada como publicidad y además se incorpora en un discurso narrativo de los locutores (influencers, añadimos nosotros) del programa y sus colaboradores (influencers también en muchos casos, agregamos también nosotros) a la vez que informan de las competiciones deportivas correspondientes. Estima el CAA que tales actuaciones van en contra de la deontología profesional y podrían lesionar las limitaciones establecidas en el art. 18.2 de la LGCA de 2010 sobre la utilización de técnicas publicitarias subliminales y encubiertas, al igual que el art. 18.3 e) de la LGCA de 2010, que prohibía el fomento del consumo inmoderado de bebidas alcohólicas o su asociación con la mejora del rendimiento físico, el éxito social o la salud, lo mismo que el vigente art. 123.3 e) de la LGCA de 2022.

En esta decisión la CAA advierte que ha acordado hacer saber a la Dirección de Telecomunicaciones y del Sector Audiovisual de la CNMC estos aspectos para que adopte, en su caso, medidas correctoras. Además, reitera la necesidad de que haya una regulación de la publicidad de bebidas alcohólicas que incluya en las emisiones radiofónicas las restricciones impuestas para las emisiones televisivas, todo ello para la protección de los menores de edad, y hasta que no se adopten normas de Derecho Positivo, recomienda al sector de las bebidas alcohólicas dictar normas de conducta que concilien el derecho a realizar publicidad de bebidas alcohólicas con la responsabilidad de no promover el consumo entre la potencial audiencia juvenil que pudiesen tener una franja horaria de protección. Esta llamada se ha plasmado elogiablemente en el art. 123.3 de la LGCA de 2022 y parcialmente de manera loable en el nuevo art. 5.5 de la LGP (en este último caso la prohibición de publicidad de bebidas alcohólicas de graduación superior a 20 se ha extendido a las retransmisiones radiofónicas y de audio, al aludir a todas las comunicaciones audio-

---

48. *Vid.* S.n., «CAA advierte de la emisión de publicidad de alcohol en retransmisiones deportivas de radio», https://www.europapress.es/andalucia/noticia-caa-advierte-emision-publicidad-alcohol-inserta-narracion-radio-retransmisiones-deportivas-20170425120349.html/

visuales, pero se permite de 1:00 a 5:00 h); lo que hay que lograr es que en los horarios permitidos los influencers (locutores de radio y colaboradores) no sigan utilizando las mismas técnicas de mezcolanza de comunicaciones no publicitarias y las de dicha naturaleza, porque entonces estaríamos ante publicidad encubierta.

Las reflexiones anteriores nos llevan a matizar que la publicidad realizada por los locutores o sus colaboradores mezclada con las partes del programa que no son publicidad no es subliminal sino encubierta; la publicidad subliminal es aquella que no puede ser percibida conscientemente por los sentidos, se llega al subconsciente del destinatario utilizando técnicas subliminares.

3. La Asociación de Usuarios de la Comunicación (AUC) en su documento sobre «La Regulación de la Publicidad del Alcohol», revisión de mayo de 2004, aplicable en cuanto a sus matizaciones plenamente a la situación actual, ya analizaba el peligro de publicitar bebidas alcohólicas en radio. Hay especialmente dos tipos de programas seguidos por el público juvenil: la radio-fórmula musical y los programas deportivos[49]:

a) En el caso de las radio-fórmulas musicales, señala la AUC que la publicidad de bebidas alcohólicas tiene un formato, en algunos supuestos muy distinto a la que se emite por otros medios. Se dirige particularmente al público juvenil y dentro de la programación se inserta de manera diferente. Reflejando además que existen múltiples casos en los que los locutores y/o DJ,s se implican directa e indirectamente en la incitación al consumo de alcohol, de modo que introducen «*la publicidad de productos y marcas en su locución*» sin diferenciarse de «*los contenidos no publicitarios, jugando así el papel de prescriptores activos*»[50].

---

49. Junto con las retransmisiones de eventos de las radios tradicionales.
 Vid. estudio de MADDE, PATRICIA A. Y GNSBE, JOEL W., «The Frequency and Nature of Alcohol and Tobacco Advertising in Televised Sports, 1990 through 1992», *American Journal of Public Health*, vol. 84, nº 2, febrero, 1994, p. 297-299.
50. Continúa señalando que «*Mezclan la presentación de los discos con los mensajes promocionales, crean un ambiente de complicidad en torno al alcohol con los oyentes, asocian de modo inexplicable la marcha, la diversión y el alcohol*».

La AUC precisa que el análisis de estos programas de radio les lleva a reflexionar además sobre las letras de las canciones de moda. El resultado es la unión de jóvenes, noche, alcohol y además la conducción; y habría que añadir y sexo, con los peligros que conlleva la incidencia de estar bajo los efectos del alcohol. Por añadidura, en muchos de los supuestos las alusiones al consumo de alcohol en las letras de las señaladas canciones que se emiten en radio *«contribuyen a reforzar ese peligroso lazo»*. Y termina aludiendo la AUC a algo sin duda sorprendente (al menos relativamente): en una de las emisiones de una canción puntera el locutor de la emisora simula estar bebido al presentarla y al finalizar la emisión[51]. Volvemos a indicar que estas reflexiones son aplicables a la situación actual.

b) Los programas deportivos son también preocupantes, porque el alcohol debería estar fuera del deporte. La AUC señala que las cuñas de bebidas alcohólicas se emiten de manera más diferenciada pero se da igualmente la implicación directa de los locutores, particularmente cuando los espacios están patrocinados; no obstante, hay un elemento de nivel positivo que en las radio fórmulas musicales no concurre: es menor la implicación.

Otra de las diferencias entre las radio-fórmulas y los programas deportivos, edificante porque deja de lado casi totalmente a los jóvenes, es que en estos últimos las bebidas alcohólicas publicitadas tienen como destinatarios de una manera más clara el público adulto, ya sea por el precio o por la fama y posicionamiento. No obstante, chirría la unión deporte-alcohol con independencia de a quién vaya dirigida la publicidad[52]. Hemos de matizar que, como indicamos al comienzo de este párrafo, no elimina que los jóvenes escuchen el contenido publicitario de las señaladas bebidas alcohólicas y quieran consumirlas, o las consuman.

---

51. La AUC estima que el estudio de las letras de las canciones de moda y su relación con el alcohol en la misma senda que señalamos en texto sería de un elevado interés, sobre todo teniendo en cuenta la especial influencia de algunos grupos musicales en los jóvenes. No olvidemos, de otro lado, que la modalidad musical del regetón, alienta en muchos casos el consumo de alcohol y otras drogas, al igual que el trato machista en la relación con las mujeres.

Señalamos añadidamente también nosotros, que otra de las diferencias entre las radio-fórmulas y los programas deportivos, edificante porque deja de lado casi totalmente a los jóvenes, es que en estos últimos las bebidas alcohólicas publicitadas tienen como destinatarios de una manera más clara el público adulto, ya sea por el precio o por la fama y posicionamiento de las bebidas alcohólicas. No obstante, chirría la unión deporte-alcohol con independencia de a quién vaya dirigida la publicidad[53].

Negar que en las retransmisiones deportivas radiofónicas, y en las radio-fórmulas, sigue habiendo menciones a bebidas alcohólicas, directas o indirectas, es no atender a la realidad. Se ensalza salir por la noche o «tardear» consumiendo bebidas alcohólicas; se asocia la diversión y el alcohol; y que es normal y *cool* emborracharse, porque eso significa disfrutar y ser joven (o volver a serlo)[54].

---

52.   La propia AUC, analizando en este supuesto y en el mismo documento lo que denomina «La retórica del mensaje publicitario» (p. 8-11), y en el marco de la publicidad de tal tipo de bebidas en prensa, radio, televisión y el medio exterior, precisa, como indicamos nosotros en el texto, que en algunos casos la actividad deportiva es asociada con el alcohol, de modo específico en ciertas actividades deportivas como son el fútbol, la fórmula 1, la pelota vasca, el levantamiento de piedra, etc.

53.   La propia AUC, analizando en este supuesto y en el mismo documento lo que denomina «La retórica del mensaje publicitario» (p. 8-11), y en el marco de la publicidad de tal tipo de bebidas en prensa, radio, televisión y el medio exterior, precisa, como indicamos nosotros en el texto, que en algunos casos la actividad deportiva es asociada con el alcohol, de modo específico en ciertas actividades deportivas como son el fútbol, la fórmula 1, la pelota vasca, el levantamiento de piedra, etc.

54.   En la retransmisión del Festival de Eurovisión 2024 del día 11 de mayo de 2024, celebrado en Suecia, una de las presentadoras aludió a sus fiestas en España, hablando en español de ello, y a la resaca o resacas, como algo divertido y bueno, línea que fue seguida y comentada en el mismo tono, es decir, estimaba que era algo positivo y una forma de conectar con la citada presentadora del Festival de Eurovisión, por parte de la presentadora que en representación de España informaba de a qué Estado se habían otorgado los 12 puntos. Porque algo sea habitual o en parte admitido, ya cada vez menos, no significa que sea sostenible.

Capítulo IV

Product placement o emplazamiento publicitario e influencers

SUMARIO: I. CONCEPTO DE *PRODUCT PLACEMENT* O EMPLAZAMIENTO PUBLI-
CITARIO. II. LA EXISTENCIA DE UNA DISCIPLINA JURÍDICA COMÚN
DEL EMPLAZAMIENTO PUBLICITARIO PARA LOS DISTINTOS MEDIOS
DE COMUNICACIÓN AUDIOVISUAL. *1. Precisiones previas. 2. La regulación
común en la Ley General de Comunicación Audiovisual y en la Directiva de Ser-
vicios de Comunicación Audiovisual.* III. SOLICITUD Y REQUISITOS DEL
*PRODUCT PLACEMENT. 1. Estudio de los requisitos. 2. Análisis específico de
la identificación de la existencia de product placement.*

I. CONCEPTO DE *PRODUCT PLACEMENT* O EMPLAZAMIENTO PUBLICITARIO

1. El emplazamiento publicitario o *product placement*[1] consiste en
incluir, aludir a o mencionar productos o servicios en un programa, *v.gr.*
de entretenimiento, en una serie, en una obra cinematográfica o en una
comunicación en redes sociales o en plataformas digitales de contenido,
en nuestro caso por un influencer, entre otras vías para insertar los productos o servicios o las marcas. Se caracteriza porque se ubica, alude o

---

1. Como señala SÁNCHEZ RUIZ, MERCEDES, «Los presupuestos y límites del
emplazamiento publicitario», *Revista de Derecho Mercantil*, nº 296, 2015, se trata
de un término que se ha globalizado a pesar de que no siempre hay emplazamiento
de producto, se utiliza la traducción literal del término anglosajón *product placement*. En el mismo sentido TATO PLAZA, A., «*Product placement* y publicidad
encubierta (Comentario a la Resoluciones del Jurado de Autocontrol de la Publicidad de 26 de abril y de 4 de junio de 2001)», *ADI*, 22, 2001, p. 579, nota 4. SÁN-
CHEZ RUIZ, M., «Los presupuestos y límites del emplazamiento publicitario»,
op. cit., indica cómo se utilizan otros términos como *brand placement* o emplazamiento de marca.

menciona el producto o servicio a lo largo de la comunicación, sin advertirse en ese momento que estamos ante un acto publicitario[2].

La definición que da el art. 129.1 de la LGCA es la siguiente: estamos ante emplazamiento de producto cuando se utiliza toda forma de comunicación audiovisual que incorpore, muestre o se refiera a un producto, servicio o marca comercial, de modo que figure en un programa o en un vídeo generado por usuarios, a cambio de una remuneración o contraprestación similar.

En consecuencia, podría ser una comunicación televisiva, radiofónica o sonora y a través de las denominadas plataformas de intercambio de vídeo (en las redes sociales o plataformas digitales de contenido), por lo tanto en la variedad de medios audiovisuales que actualmente disciplina la LGCA. Segundo, puede incorporarse, mostrar o mencionar una marca, producto o servicio, es decir, es posible que aparezca en la comunicación el producto o servicio o que no pero sí se incorpore, muestre o mencione la marca a lo largo de la comunicación audiovisual. En tercer lugar, es preciso que haya remuneración o contraprestación similar, que fácilmente suele darse en el caso de los influencers que operan en redes sociales o en plataformas digitales de contenido, debido a que los titulares de las marcas pagan por la publicidad o entregan productos de la marca o facilitan servicios como viajes por ella[3].

---

2. Ha sido vista como una técnica invasiva, como ponen de manifiesto FONG, FANNY y CHAN, YEE, «Prior disclousure of product placement: The more explicit the disclosure, the better the brand recall and Brand attitude», *Journal of Business Research,* vol. 120, noviembre, 2020.
    GARCÍA-CRUCES, JOSÉ ANTONIO, *Tratado de Derecho de la Competencia y de la Publicidad,* Tirant lo Blanch, 2014, advierte de la necesidad de diferenciar el *product placement* de la publicidad subliminal, ya que en esta última la percepción consciente del producto o estímulo publicitario no tiene lugar pero en el emplazamiento de producto sí, puesto que se percibe la inserción de un producto aunque se desconoce la finalidad publicitaria (matizamos nosotros que no siempre es posible ser consciente del propósito publicitario).
3. En esta línea GERHARDS, CLAUDIA, «Product placement on YouTube: An explorative study on YouTube creators's experiences with advertisers», *Convergence*: *The International Journal of Research into New Media Technologies*, vol. 25 (3), 2019, p. 527, que señala que son mucho más elevados los supuestos en los que los anunciantes entregan una remuneración o contraprestación similar a los influencers por el emplazamiento de producto.

2. Puede ser emplazamiento publicitario activo, en el que el influencer utiliza el producto, o pasivo, cuando solamente aparece el producto o servicio en la comunicación, con mención o no a ellos[4].

3. La cercanía y la confianza que conllevan las comunicaciones de influencers, presentan un nuevo escenario para el emplazamiento de productos o servicios; la entrada de esta forma publicitaria es más natural[5], por lo que se confunde en mayor medida con el resto de la comunicación realizada por el influencer.

Además, es más persuasiva[6], puesto que los destinatarios, en muchos casos *followers*, se sienten en mayor medida identificados con los influencers, lo que genera más comentarios y *likes*, y por ello se incrementan los supuestos en los que dichos destinatarios adquieren o contratan servicios objeto del emplazamiento publicitario[7]. El *product placement* combinado con *influencers* se convierte así en una vía publicitaria extraordinaria.

No hay que olvidar que en muchas de las comunicaciones a través de redes sociales o plataformas digitales de contenido, como YouTube, se facilitan los enlaces a las páginas *web* de los productos o servicios publi-

---

4.   EAGLE, LYNNE y DAHL, STEPHAN, «Product placement in old and new media: Examining the evidence for concern», *Journal of Business Ethics,* nº 147, 2018.
5.   En el mismo sentido RUTTER, RICHARD N., BARNES, STUART J., ROPER, STUART, NADEAU, JOHN y LETTICE, FIONA, «Social media influencers, product placement and network engagement: Using AI image analysis to empirical test relationship», *Industrial Management and Data Systems,* t. 121, nº 12, 2021, p. 2406, que añaden que la eficacia de la unión del *product placement* y los influencers que operan en redes sociales ha hecho que las estrategias publicitarias centradas en el producto hayan variado, tornando a centrarse en el emplazamiento publicitario realizado por influencers en redes sociales.
     Vid. estudio realizado por GHOSH, MOLLIKA, «Product placement by social media homeinfluencers during new normal», *South Asian Journal of Marketing,* diciembre, 2021, en el que se analiza la nueva normalidad tras la COVID-19; precisando que los influencers en las redes sociales se transformaron en *homeinfluencers*, adaptándose a las necesidades que imponían las circunstancias respecto del emplazamiento publicitario.
6.   *Vid.* GHOSH, M., «Product placement by social media…», *op. cit.*
7.   Se pronuncian también en esta línea SUKOVÁ, LENKA y LADISLAVA, MIKOVÁ, «The relationship between product placement and shopping intentions in Instagram», *Archieving Business Competititiviness in a Digital Enviroment,* enero, 2022.

citados en la comunicación, con lo que la facilidad para adquirir los productos o servicios es clara. Además, los influencers comunican a los destinatarios que cuentan con un código de descuento en algunas de las marcas incluidas en la publicidad realizada. La atracción de los destinatarios es por ello máxima; consiguen por añadidura fidelizar a los clientes de las marcas correspondientes.

La eficacia de los influencers para las marcas es evidente pero es necesario tener en cuenta que todas las empresas no pueden utilizar el mismo tipo de influencers. Las *celebrities* que son influencers, vinculadas al lujo, casi siempre permiten obtener un resultado mejor; aunque las pequeñas empresas o marcas no pueden utilizar tales influencers[8]. La solución para las pequeñas empresas o marcas es elegir un influencers que encaje con el *target* del producto o servicio. Es esencial desde el punto de vista del *marketing* de influencer que el destinatario de *product placement* confié en el influencer y no perciba la comunicación como un acto en el que el influencer quiere vender el producto o servicio; sin embargo, hemos de indicar que en estos supuestos se ocultaría la finalidad persuasiva propia de la publicidad[9] y el Ordenamiento Jurídico lucha precisamente contra ello, la transparencia y la autenticidad de la comunicación publicitaria es necesaria y exigible.

8.　En este sentido también ZAK, STEFAN y HASPROVA, MARÍA, «The role of influencers in the consumer decisión-making process», SHS Web of Conference, Globalization and its Socio-Economic Consequences 2019, 74, 2020, p. 5. Destacan además los autores que la situación del influencer es un elemento determinante puesto que pueden realizar una publicidad negativa para la marca, es el caso de los influencers envueltos en escándalos. De igual modo, es importante elegir los productos adecuados para ser promocionados por los influencers. Excluyendo productos en los que haya habido maltrato para los animales.

9.　Y es una finalidad perseguida con el *product placement* cuando se usa el marketing de influencers; en tal línea *vid.* ALASSANI, RACHIDADATOU y GÖRETZ, JULIA, «Product placement by micro an macro influencers on Instagram», *Social Computing and Social Media. Communication and Social Communities,* HCII 2019, vol. 11579, primavera, p. 251.

II. LA EXISTENCIA DE UNA DISCIPLINA JURÍDICA COMÚN DEL EMPLAZAMIENTO PUBLICITARIO PARA LOS DISTINTOS MEDIOS DE COMUNICACIÓN AUDIOVISUAL

1. PRECISIONES PREVIAS

1. La elevada capacidad que tienen los influencers de incidir en el comportamiento económico de los destinatarios no se circunscribe a las redes sociales y a las plataformas digitales de contenido. Un influencer, como venimos señalando, puede operar en una serie o en un programa de entretenimiento. Pensemos en un programa de entretenimiento en televisión lineal[10] en el que se ubica, menciona o alude a un producto, realizando *product placement*.

2. Las retrasmisiones radiofónicas o sonoras son otra vía para incorporar, mencionar o aludir a productos y/o servicios o marcas.

3. No olvidemos el impacto del emplazamiento publicitario en los vídeopclips, que permite que *celebrities que* son influencers, en este caso cantantes, incorporen, mencionen o aludan a productos y/o servicios, o marcas, en la letra de sus canciones o lo hagan visualmente en sus vídeoclips, videoclips que son recibidos por un elevado número de personas, sobre todo jóvenes, menores y mayores de edad; casi siempre cuando son menores de edad se convierten en consumidores sin ser compradores (porque acceden al producto y/o servicio a través de sus padres, abuelos, tíos u otros adultos)[11].

4. El emplazamiento publicitario directamente en las redes sociales o en las plataformas digitales de contenido es frecuente, buscado por el *marketing* de influencers, y efectivo (como hemos tenido la ocasión de adelantar previamente en este capítulo). La incorporación de productos, servicios o marcas a lo largo de la comunicación del influencer en redes sociales o plataformas digitales de contenido permite ocultar o dificultar la

---

10. Que es aquella que se lleva a cabo bajo un horario de programación determinado.
11. *Vid.* estudio realizado por SÁNCHEZ OLMOS, CANDE, SEGARRA SAAVEDRA, JESÚS e HIDALGO MARÍ, TATIANA, «"Brand placement" en los vídeoclips del Billboard Hot 100: ¿integración o imposición de marca?», *Trípodos*, nº 44, 2019, p. 63-81.

percepción de la existencia de acto publicitario, evitando sufrir la misma suerte que los anuncios publicitarios tradicionales (que pueden saltarse en multitud de ocasiones para evitar que sigan reproduciéndose[12])[13].

2. LA REGULACIÓN COMÚN EN LA LEY GENERAL DE COMUNICACIÓN AUDIOVISUAL Y EN LA DIRECTIVA DE SERVICIOS DE COMUNICACIÓN AUDIOVISUAL

1. La LGCA ya regula el *product placement* para todos los actos audiovisuales, con alguna matización indicada en líneas previas para las retransmisiones radiofónicas y sonoras a petición. Como para el resto de los actos publicitarios audiovisuales la LGCA sigue la modificación de la Directiva de Servicios de Comunicación Audiovisual realizada en 2018, uniendo a todos los prestadores de servicios de comunicación audiovisual en a veces un estrecho traje de normas imperativas[14]; no tenía sentido que los operadores de servicios de televisión lineal, y a veces de radio, se sometieran a un régimen jurídico más estricto y que los operadores

---

12. Cuando un anuncio o *spot* tradicional es emitido en televisión suele no ser visionado (al menos con total atención o completo) por los destinatarios, cambiando de canal o realizando otras actividades.
     Las virtudes del *product placement*, que evitan la actitud defensiva de los usuarios, que sí despliega frente a los anuncios tradicionales, es destacada por MCDON-NELL, JOHN y DRENNAN, JUDY, «Virtual product placement as a new aprpoach to measure effectiveness of placements», *Journal of Promotion Mnagement,* 2010.
13. Hemos de matizar que estos anuncios tradicionales difundidos en redes sociales o plataformas digitales de contenido son incorporados también a lo largo de las locuciones de los influencer, interrumpiendo su comunicación para dar paso al *spot*.
14. Lo que tiene como consecuencia que los destinatarios de las comunicaciones comerciales audiovisuales no estén desprotegidos y obviamente que los prestadores de tales tipos de comunicaciones tengan un margen de actuación en el seno de la autonomía de la voluntad bastante restringido (y puede asfixiar a los operadores publicitarios). Podemos decir que hay un exceso de encorsertamiento normativo o que tiene lugar la denominada hiperregulación, sobre todo si lo comparamos con otros medios de ubicación de la publicidad. *Vid.* MARTÍN LLAGUDO, MARTA y HERNÁNDEZ RUIZ, ALEJANDARA, «El control de la comunicación comercial en el mundo globalizado. Regulación, autorregulación e hiperregulación de la publicidad», *Portal de la Comunicació InCom-UAB* (portal-comunicacio.com), p. 5-7; analizan el fenómeno de la hiperregulación respecto de la publicidad. Sostienen que la heterorregulación o control externo debería ser de mínimos pero la realidad es que actualmente la heterorregulación no está siendo del todo eficaz por exceso; las causas, según las autoras, son tres: la pluralidad de legisladores, de enfoques y controles.

de Internet quedarán fuera por una falta de clara contemplación expresa en la versión de 2010 de la Directiva de Servicios de Comunicación Audiovisual.

2. La adopción de la Directiva de 2018 de modificación de la Directiva de Servicios de Comunicación Audiovisual[15], habida cuenta de la evolu-

---

Vid. también GARCÍA CASTILLEJO, ÁNGEL, «La regulación de los contenidos audiovisuales en Internet», en http://www.ucm.es/info/cyberlaw/actual/6/legis01.htm/, agosto, 2000, p. 2-3.

Vid. DARNACULLETA I GARDELA, M. MERCÉ, «La autorregulación como estrategia de la regulación de contenidos audiovisuales», en Belando Garín, Beatriz y Montiel Roig, Gonzalo, *Contenido y mercado en la regulación de la comunicación audiovisual. El nuevo marco normativo de la Ley 7/2010, General de Comunicación Audiovisual,* Valencia, Tirant los Blanch, 2011, p. 49-52, que pone de manifiesto como la regulación del sector audiovisual es una materia controvertida y compleja, por estar implicados temas tan sensibles como la libertad de expresión y otros derechos constitucionalmente reconocidos.

15. Ubicada dentro de la Estrategia para el Mercado Único Digital de la UE; *vid.* Comunicación de la Comisión al Parlamento, al Consejo y al Comité de las Regiones. Una Estrategia para el Mercado Único Digital de Europa, de 6 de mayo de 2015, COM (2015) 192 final, que es el documento de la UE que inicia la revisión de la política sobre Internet; *vid.* SAVIN, ANDREJ, «Regulating Internet platforms in the EU-The emergence of the "Level playing Field"», *Computer Law & Security Review,* 34 (2018), p. 1217-1218, que señala que esta comunicación destaca como el mercado estaba fragmentado e incompleto, de modo que debían crearse las condiciones adecuadas y el denominado *level playing field* (un campo de juego nivelado), alcanzando a la regulación de las plataformas digitales y de los intermediarios; *vid.* p. 1219 y ss. de esta obra, donde el autor analiza las siguientes etapas en la modificación y adecuación de la regulación en la UE de las plataformas digitales.

Vid. MARTÍNEZ OTERO, JUAN MARÍA, «Un nuevo marco regulador para el sector audiovisual en Europa: la Directiva 2018/1808 en el contexto de la convergencia mediática y el mercado único digital», *Revista de Derecho Comunitario Europeo,* 63, mayo-agosto, 2019, p. 537 y 544. Como indica el autor, la precitada Estrategia para el Mercado Único Digital ha sido promovida por la Comisión Juncker desde mayo de 2015; continúa señalando que: «*En el marco de esta estrategia, la UE está revisando su normativa aplicable a diferentes sectores del ámbito digital —tales como la propiedad intelectual, las comunicaciones comerciales o la protección de datos—, a fin de hacerla más acorde con las peculiaridades y necesidades actuales del sector, caracterizado por su naturaleza global, dinámica y cambiante.*» De igual modo analiza detalladamente la aplicación del principio *level playing field* a los servicios lineales y a la carta de televisión, y aludea que ambos tienen características similares, se refieren a productos o servicios intercambiables o al menos comparables, y por ello tienen que someterse a idéntica disciplina legal; añadimos nosotros, sino no competirían en igualdad o similitud de condiciones, habiendo de adecuarse a ella.

ción de las necesidades del mercado, impone la adaptación de las legislaciones de los Estados miembros a las nuevas realidades tecnológicas y en particular a la irrupción de nuevos prestadores de servicios de comunicación audiovisual, entre los que destacan las plataformas digitales televisivas y la normalización de los vídeos bajo demanda y las plataformas en las que se intercambian (las redes sociales)[16]. El modelo regulador en el que las emisiones televisivas lineales (es decir, aquellas basadas en una programación y horarios predeterminados) soportaban un peso normativo mayor frente a la televisión a la carta u *on demand* se abandona[17].

La Directiva se adapta a la realidad, para que las normas de Derecho Positivo no lleguen siempre tarde, en concreto a los nuevos accesos a servicios de comunicación audiovisual por parte del público en general y de los jóvenes en concreto, que visualizan frecuentemente vídeos ela-

---

16.   En el mismo sentido, BECEIRO, SAGRARIO y MEJÓN, ANA, «La legislación europea sobre contenidos audiovisuales: de la Directiva Televisión sin fronteras a los medios sociales», *Revista de la Asociación Española de Investigación de la Comunicación,* vol. 6, n° 11, 2019, p. 40.
      Vid. LAMBRECHT, INGRID, VERDOODT, VALERIE y BELLON, JASPER, «Platforms and commercial communications aimed at children: a playground under legislative reform?», *International Review of Law, Computers and Technology,* vol. 32, issue 1, 2018, p. 65.
      Como pone de manifiesto CABALLERO TRENADO, LAURA MARÍA, «La nueva Directiva audiovisual: perspectiva legal», *Revista Internacional de Doctrina y Jurisprudencia,* vol. 20, noviembre, 2019, p. 10, (...) «*la nueva Directiva supone un marco regulador que refleja la realidad de un mercado que hasta ahora había sido sectorializado. No tenía sentido imponer unas reglas de juego determinadas a unos operadores (en función, por ejemplo, de la tecnología por la que se transmitían los contenidos audiovisuales) en detrimento de otros.*»; añadiendo que el aumento en el consumo de contenidos audiovisuales mediante *streaming* ha sido probablemente el elemento catalizador del cambio en esta directiva.
      Vid. también MARTÍNEZ OTERO, J. M., «Un nuevo marco regulador para el sector audiovisual...», *op. cit.,* p. 544, que indica que «*El legislador europeo trata así de "nivelar el terreno de juego" para todos los prestadores que ofrecen contenido audiovisual y compiten por la misma audiencia y los mismos anunciantes*».
17.   *Vid.* GARCÍA VIDAL, ÁNGEL, «Modificación de la Directiva de Servicios de Comunicación Audiovisual», *Gómez Acebo y Pombo. Análisis,* enero 2019, p. 1-4; LÓPEZ, RICARDO, «Directiva de Servicios de Comunicación Audiovisual: La regulación de los medios tradicionales se extiende a plataformas», *Garrigues Digital,* y CABALLERO TRENADO, L., «Cambios en el audiovisual», *LegalToday,* 28 de diciembre de 2018.

borados por los propios usuarios, al igual que acceden a contenidos televisivos a través de plataformas digitales televisivas.

La actual versión (de 2018) de la Directiva de Servicios de Comunicación Audiovisual tiene como objetivo, además de lo señalado previamente, elevar la protección de los menores de edad, atendiendo a que la salvaguardia de tales destinatarios ya era un fin esencial de la Directiva de Servicios de Comunicación Audiovisual en su versión de 2010[18].

Y la Directiva de Servicios de Comunicación Audiovisual en su actual versión se detiene a regular la publicidad de bebidas alcohólicas. Pero el problema es que no se aplicarían las mismas normas si el acto publicitario consiste en patrocinio o emplazamiento publicitario o *product placement*, y esta sería una manera de ubicar publicidad de bebidas alcohólicas v. gr. en una serie específica para las tan de moda plataformas digitales televisivas (insertando una bebida alcohólica en la trama, bien mediante el emplazamiento de producto activo —o sea, usando tal bebida— o pasivo —simplemente haciéndola figurar—)[19]; no debemos olvidar que este tipo de actos publicitarios no son fácilmente reconocibles siempre y su licitud puede incitar al inicio en el consumo de bebidas alcohólicas por parte de menores de edad o la recaída en el supuesto de personas con antecedentes de adicción a estas sustancias; esta permisión ha de finalizar.

El legislador de la UE justifica su regulación en materia de emplazamiento publicitario por la evolución en el mercado de radiodifusión televisiva, que requiere una mayor flexibilidad y que la aplica a las comunicaciones comerciales audiovisuales, pretendiendo incluso incentivar aún

---

18. *Vid.* nuestras reflexiones en RAMOS HERRANZ, I., *La publicidad en el sector audiovisual,* Thomson Reuters Aranzadi, 2015, p. 81 y ss. *Vid.* también WALTER, HAUG, THOMAS, «The New Audiovisual Media Services Directive as a missed opportunity in view of the protection of the children and young people against hamful influences of advertisement nowdays, media», *Hanse Law Review,* vol 4, nº 1, 2008, p. 38, que realiza una dura crítica de la regulación de la protección de los menores en la Directiva de Servicios de Comunicación Audiovisual en su versión de 2010, señalando que el legislador perdió la oportunidad de instaurar normas más restrictivas.

19. *Vid.* AUTY, SUSAN y LEWIS, CHARLIE, «Exploring Children's Choice: The Reminder Effect of Product Placement», *Psychology & Marketing*, vol. 21, issue 9, septiembre, 2004, p. 700.

más la utilización del emplazamiento publicitario[20], lo que legitima, a su juicio, la permisión del emplazamiento publicitario en todos los servicios de comunicación audiovisual (incluyendo las plataformas de intercambio de vídeo, como son las redes sociales y las plataformas digitales de contenido) como regla general, con pequeñas excepciones[21].

La señalada mayor flexibilidad casa con la también más elevada liberalización de los actos publicitarios televisivos, que se perciben a lo largo de la Directiva analizada, posibilitando que ciertos prestadores de servicios de comunicación audiovisual como son las empresas de retransmisión televisiva tengan un nivel alto de libertad, en concreto en el horario de difusión de la publicidad para maximizar la demanda de los anunciantes y el flujo de espectadores. Como contrapeso prevé la protección de los consumidores en las horas de mayor audiencia.

La Directiva de Servicios de Comunicación Audiovisual en su versión de 2018 establece un régimen diferente de obligaciones para los prestadores de intercambio de vídeos respecto de la publicidad difundida, en el art. 28*ter*, 2, según si es o no comercializada, vendida u organizada por ellos[22].

---

20. CABALLERO TRENADO, LAURA MARÍA, «La nueva Directiva audiovisual: perspectiva legal», *Revista Internacional de Doctrina y Jurisprudencia,* vol. 20, noviembre, 2019, p. 5, pone de manifiesto como el legislador de la UE limita la publicidad, estableciendo un porcentaje permitido de ella a lo largo del día, pero como contrapeso flexibiliza las normas sobre emplazamiento de producto y pone hincapié en que existan normas autorreguladoras.

21. Así, la Directiva de Servicios de Comunicación Audiovisual en la versión de 2018 rompe con el criterio de la versión de 2010, en la que se prohibía el emplazamiento de producto, permitiéndose como excepción. Como recuerda la STS (Sala Contencioso-Administrativo) 4358/2020, de 14 de diciembre de 2020.

22. *Vid.* HELBERGER, NATALIE, PIERSON, J.O. y THOMAS, POELL, «Governing online platforms: From contested to cooperative responsibility», *The Information Society,* vol. 34, issue 1, 2018, p. 1-14.
     Vid. estudio realizado por MARTÍNEZ OTERO, J. M., «Un nuevo marco regulador para el sector audiovisual…», *op. cit.*, p. 554-555, que señala que p.e una plataforma de intercambio de vídeos será responsable de los anuncios que ofrezca en su interfaz antes o durante la reproducción de un vídeo mientras que no sería responsable de un *product placement* que figure en un contenido compartido por un usuario. *Vid.* también el análisis de LAMBRECHT, I., VERDOODT, V. y BELLON, J., «Platforms and comercial communications…», *op. cit.*, p. 65-67.

La directiva llama, acertadamente, a la autorregulación en materia de publicidad de bebidas alcohólicas, con lo que su régimen jurídico se articularía de acuerdo con un sistema de corregulación, es decir, regulación en normas de Derecho Positivo y disciplina mediante códigos publicitarios deontológicos[23].

III. SOLICITUD Y REQUISITOS DEL *PRODUCT PLACEMENT*

1. ESTUDIO DE LOS REQUISITOS

1. Si cumple los requisitos establecidos en la LGCA es un acto publicitario perfectamente lícito, quedando ya muy lejos su consideración como publicidad encubierta *per se*. Es decir, el emplazamiento publicitario está permitido en nuestro ordenamiento jurídico y ha sido incentivado por la modificación de 2018 de la Directiva de Servicios de Comunicación Audiovisual.

2. El art. 129.2 de la LGCA permite el *product placement* en toda la programación excepto en los noticiarios y en los programas de contenido informativo de actualidad, en los programas vinculados con la protección del consumidor, en los programas religiosos y en los programas infantiles.

Además, y de forma acumulativa, ha de cumplir con más normas: está prohibido que influya en el contenido editorial ni en la organización del horario de programación ni en la del catálogo de una forma que afecte a la responsabilidad e independencia editorial del prestador del servicio de comunicación audiovisual; tampoco podrá exhortar directamente a la compra o arrendamiento de bienes o servicios ni incorporar alusiones de promoción concretas de tales bienes o servicios; el acto publicitario tiene que ser sutil[24], puesto que no se puede dotar de una prominencia indebida

---

23. En la misma línea GARCÍA VIDAL, A., «Modificación de la Directiva de Servicios...», *op. cit.*, p. 4. *Vid.* MARTÍNEZ OTERO, J. M., «Un nuevo marco regulador para el sector audiovisual...», *op. cit.*, p. 556.

24. Como pone de manifiesto ASENSI MERÁS, A., «La licitud de la publicidad a través de influencers...», *op. cit.*, p. 322-323, es frecuente que los influencers lleven puestas prendas de marcas determinadas durante sus comunicaciones con el fin

a los productos objeto del *product placement*[25]; finalmente, el emplazamiento publicitario ha de estar identificado al principio, al iniciarse cada reanudación posterior a una interrupción y al final del programa cuando estos programas se hayan producido o encargado por el prestador de servicios de comunicación audiovisual (o por una filial suya).

La exigencia de identificar el emplazamiento publicitario se deriva tanto de la necesidad de transparencia y autenticidad publicitarias como de la dificultad de identificar que nos encontramos ante un acto publicitario.

Como puede extraerse de los requisitos exigidos por la LGCA, la licitud del acto publicitario de emplazamiento de producto no solamente pasa por identificarse en los momentos adecuados sino que también, entre otros requisitos, no ha de darse excesiva prominencia al producto, servicio o marca. Es decir, si están ubicados en la pantalla en una comunicación audiovisual televisiva o en redes sociales o plataformas digitales de contenido, no pueden permanecer durante demasiado tiempo; lo mismo sucede si se mencionan o aluden a los productos, servicios o marcas. Es relevante la Resolución de la CNMC de 24 de julio de 2019, en el procedimiento sancionador incoado a Mediaset España Comunicación, S.A por el incumplimiento del art. 18.2 de la 7/2010, de 31 de marzo, General de Comunicación Audiovisual[26]. La resolución analiza la versión de 2010 de la LGCA pero es aplicable a la actual de 2022. En el caso se consideró acreditado que dentro de la emisión del programa Sálvame Naranja del día 23 de enero de 2019, en el canal Telecinco, del que es responsable Mediaset España Comunicación, S.A, se llevaron a cabo

---

de lograr el posicionamiento de los productos de la marca, particularmente en redes sociales. De este modo, agregamos nosotros, la presencia podría ser sutil, aunque si ocupa gran parte de la comunicación nos encontraríamos ante un supuesto de prominencia indebida y por ello ante *product placement* ilícito.

25. *Vid.* SÁNCHEZ RUIZ, M., «La regulación europea actual sobre emplazamiento de producto y la propuesta reforma de la Directiva de Servicios de Comunicación Audiovisual», *Cuadernos de Derecho Transnacional*, vol. 9, nº 2, 2017, p. 527, que analizando la Propuesta de Directiva de modificación de la Directiva de Servicios de Comunicación Audiovisual, que ya ha dado lugar a la modificación producida en 2018, establece que el legislador de la UE ha de fijar cuál es el nivel de exposición prominente admisible o tolerable, fijando criterios concretos.
26. SNC/DTSA/035/19/MEDIASET.

comunicaciones comerciales de la revista Lecturas, mediante una exposición de ella que excede lo razonable respecto de la mera mención a la fuente de información, considerando que tal exceso dotaría al acto de carácter publicitario.

En concreto, se mostró la revista Lecturas durante 330 segundos, incorporando la imagen en primer plano de la portada de la revista en una pantalla de plasma de gran tamaño, que estaba situada en medio del plató. Estimando la CNMC que supera lo que hubiera sido un comentario aceptable dentro de su derecho de cita o para aludir a la fuente de la noticia. No considera que estemos ante un emplazamiento de producto, atendiendo a que a pesar de que aparecían las siglas EP (Emplazamiento Publicitario), al inicio, en las reanudaciones del programa, después de las pausas publicitarias, y al final del programa, no se identifica en ningún momento la revista como producto emplazado como exigía el art. 17.2 de la LGCA de 2010 y el Acuerdo de la CNMC de 17 de septiembre de 2014 por el que se da contestación a diversas consultas formuladas por los operadores en materia de publicidad y autopromoción televisivas. Estima la existencia de una prominencia indebida en la presentación de la revista Lecturas prohibida por el art. 17.3 de la LGCA al regular el emplazamiento de producto (prohibición incorporada también en la LGCA de 2022); entiende que no estamos ante la mera aparición de un producto o marca sino ante la presentación de una revista y de sus contenidos ocupando la pantalla durante 19 segundos, además de ocupar casi la mitad de la pantalla en un segundo plano durante 5 minutos y 14 segundos; es más durante todo este tiempo con el movimiento de cámara se consigue que la portada esté siempre presente, figurando en pantalla la escena principal del programa y a la vez la portada de la revista completa, situación de la que extrae la prominencia indebida de la presentación.

Por ello, resuelve que estamos ante publicidad encubierta, lo que implica la producción de errores en los telespectadores sobre la naturaleza publicitaria de la comunicación por confundirse con los contenidos de los programas.

La CNMC aprecia propósito publicitario en los actos señalados, de acuerdo con el art. 2 de la LGP y atendiendo a la LGCA. Por presentar la citada revista de forma reiterada tanto de manera visual como verbal[27]. Dictando resolución sancionadora contra Mediaset España Comunicación, S.A.

En la Resolución de la CNMC de 8 de octubre de 2020 del procedimiento sancionador incoado a Atresmedia Corporación de Medios de Comunicación, S.A por incluir publicidad encubierta durante la emisión del programa El Hormiguero del día 3 de octubre de 2019[28] la CNMC considera probado que en la retransmisión del programa el Hormiguero del día 3 de octubre de 2019 en el canal Antena 3, del que es responsable Atresmedia Corporación de Medios de Comunicación, S.A, se realizó una comunicación comercial encubierta de los nuevos perfumes de Carolina Herrera «Bad Boy» y «Good Girl». En el programa el presentador introduce a los invitados, señalando que son la nueva imagen de los perfumes de la marca Carolina Herrera mientras coloca sobre la mesa los envases de tales productos, que permanecen en dicho lugar durante toda la entrevista; el presentador dirige la entrevista hacia la actividad publicitaria de los invitados y mientras los invitados contestan detrás hay una televisión en la que se emite el anuncio tradicional de estos perfumes; posteriormente el presentador continúa hablando de lo que representan los perfumes para él y su mujer, preguntando a los invitados sobre el olor de los perfumes de cuya marca son imagen. Todo ello se acompaña de otras apariciones de los productos señalados.

La CNMC en este asunto considera que hay una prominencia indebida del spot publicitario de los perfumes de la marca Carolina Herrera al recrear la creatividad del anuncio en el plató e incluyendo el envase el perfume y la marca. Lo que pone de manifiesto que no se da la aparición del producto y de la marca de forma circunstancial, sin que afecte al contenido del programa, sino que la presentación se ha hecho de tal modo que forma parte esencial del programa por dotarla precisamente de una prominencia indebida por la presencia constante de los perfumes en la mesa de entrevistas, en la proyección gigante de uno de los envases, en

---

27. La resolución analizada de la CNMC fue recurrida ante la Audiencia Nacional (AN), que dictó SAP de 23 de septiembre de 2022 (Id. CENDOJ 28079230012022100379), denegando el recurso.
28. SNC/DTSA/128/19.

la utilización de ellos para diferentes pruebas, al igual que en los distintos comentarios sobre las características positivas de los perfumes y de los anuncios de la marca. Entendiendo la CNMC que nada de ello era necesario para el normal desarrollo de la entrevista y del programa.

Resolviendo así sancionando a Atresmedia Corporación de Medios de Comunicación, S.A.

La Resolución de la CNMC de 19 de abril de 2022 en el procedimiento sancionador incoado a Mediaset España Comunicación, S.A por el incumplimiento de lo dispuesto en el art. 18.2 de la Ley 7/2010, de 31 de marzo, General de Comunicación Audiovisual[29], aplicable a la actual regulación de la LGCA de 2022, establece que tras visionar las emisiones de Sálvame Naranja y Sálvame Deluxe de los días 23 de abril de 2021 y 1 de mayo de 2021, se extrae que hay una presentación de productos de la empresa Sabores de la Esteban, S.L; se llevan a cabo presentaciones de y alusiones a los productos de tal empresa, concretamente, del gazpacho y salmorejo; se producen en diversos escenarios, en los que figuran los productos embotellados, con sus marcas expuestas a la cámara, cajas con los productos naturales que entran en su composición, con faldones promocionales de los productos, aportando información acerca de los lugares en los que serán vendidos además de las futuras líneas de productos que la empresa tiene programado comercializar. La presentación y alusión se realiza en el marco de una entrevista a una de las colaboradoras del programa; a juicio de la CNMC no obsta para considerar que el objetivo principal es la presentación de los productos.

La CNMC no considera que se trate de un emplazamiento de producto, al no reunir los requisitos de tal tipo de acto publicitario. No se presentan los productos ni se alude a ellos de manera casual, se da una prominencia indebida[30], con carga promocional sin advertir al público de

---

29. SNC/DTSA/077/21/MEDIASET.
30. La STS (Sala Contencioso-Administrativ0) 4358/2020, de 14 de diciembre de 2020 analiza la licitud del emplazamiento de producto llevado a cabo en el programa Decogarden del canal Nova. Comienza precisando que el concepto de «prominencia indebida» ha de interpretarse en cada caso; tiene que hacerse en función de las circunstancias que concurran, de manera que en el caso ni el tratamiento de

su existencia, haciendo creer que se trata de un contenido propio del programa que no tiene finalidad publicitaria.

La CNMC (Sala de Supervisión Regulatoria) ha dictado el 18 de enero de 2024 un Acuerdo por el que se da traslado a Autocontrol en relación con posibles usuarios de especial relevancia que incumplirían con sus obligaciones en materia de comunicaciones comerciales correspondientes a la Sección 1ª del Capítulo IV del Título IV de la LGCA[31], tras varias reclamaciones en las que se alega que los usuarios de especial relevancia (influencers) no cumplen con sus obligaciones sobre comunicaciones comerciales, en concreto, acerca de la identificación de la publicidad, la prohibición de publicidad encubierta y la inobservancia de los requisitos de la publicidad de bebidas alcohólicas. Estimando que se comunicaba a Autocontrol porque no estaba vigente el art. 94 de la LGCA y por ello que fuera resuelto por la vía de la autorregulación.

Como vemos, la presencia de influencers en las redes sociales y fuera o no estrictamente dentro de las redes sociales o plataformas digitales de contenido[32] a la que venimos aludiendo y la publicidad que realizan en una constante.

---

las imágenes ni de las menciones y expresiones verbales meramente coloquiales que se insertan en el contexto y guion de un programa especializado como es el de decoración y bricolaje (que promueve la realización propia de objetos) no suponen en sí mismas la promoción directa de un producto ni suponen prominencia indebida; no existe un énfasis visual excesivo ni una promoción directa de productos.

Esta sentencia culmina precisando que la doctrina que se fija del concepto indeterminado «prominencia indebida» es que lo que prohíbe la LGCA es que el producto emplazado pueda ser ensalzado a través del tratamiento de la imagen excesiva o mediante expresiones verbales que impliquen una carga promocional o apologética suplementaria ajena al emplazamiento; reiterando que tal prominencia indebida tiene que ser examinada de modo casuístico, atendiendo al tratamiento e intensidad de la imagen del producto y al significado de las expresiones vertidas de acuerdo con el contexto y guion del programa, y que el enjuiciamiento pleno de la concurrencia de los elementos integrantes del tipo sancionador y de la actuación sancionadora de la CNMC es competencia de los órganos jurisdiccionales.

31. IFPA/DTSA/003/24/PUBLICIDAD UER.
32. Pensemos que los programas televisivos pueden, además de ser visionados a través de Internet en general, hacerlo concretamente en las redes sociales o plataformas digitales de contenido en particular.

Cuando la comunicación con emplazamiento de producto se lleva a cabo en redes sociales o plataformas digitales de contenido, *v.gr.* en un vídeo de YouTube de recomendaciones de moda y/o estética, las alusiones a marcas y su incorporación o muestra, al igual que la incorporación de, la mención de o la alusión a los productos y/o servicios a lo largo de la comunicación puede ser en algunas ocasiones en lo que consiste el contenido, con lo que, para no incurrir en *product placement* ilícito, la prominencia de cada marca, producto y/o servicio habría de ser breve. No olvidando la identificación del emplazamiento y de los productos y/o servicios y marcas.

3. La infracción de los precitados requisitos en el emplazamiento de producto será considerada como una infracción grave por aplicación del art. 158.19 de la LGCA.

4. La redacción dada al art. 85 de la LGCA para los supuestos en los que está permitido el *product placement* en las comunicaciones comerciales audiovisuales radiofónicas y en los servicios de comunicación audiovisual sonoros a petición, nos lleva a que, a diferencia del *product placement* a través de otras vías de comunicación, pueda realizarse en programas de contenido informativo de actualidad, además de ser posible en comunicaciones que no consistan en noticiarios, programas relacionados con la protección del consumidor, programas religiosos y programas infantiles.

5. El emplazamiento de producto escapa del límite de horas de publicidad fijado en el art. 137.1 de la LGCA cuando se produce en televisión lineal (es decir, la que se lleva a cabo bajo un horario y una programación determinados) [33] por mandato del art. 137.2 de la LGCA[34]. En consecuencia, es

---

33.   Ese límite horario, en primer lugar, es de un máximo de 144 minutos entre las 6:00 y las 18:00 h y, en segundo término, de un máximo de 72 minutos entre las 18:00 y las 24:00 h.
      La LGCA de 2022 modifica el clásico sistema de la LGCA de 2010, en la que se fijaba en el art. 14.1 de la LGCA de 2010 un máximo de publicidad de 12 minutos por hora de reloj para televisión, por mandato de la UE; esta norma había de ser complementada por el Acuerdo por el que da contestación a diversas consultas formuladas por los operadores en materia de publicidad y autopromoción televisiva de la CNMC, de 17 de septiembre de 2014, para saber qué tipos de actos publicitarios computaban dentro de los 12 minutos por hora de reloj, excluyendo p.e las autopromociones, y

considerado como un acto publicitario audiovisual pero no computa como tal.

2. ANÁLISIS ESPECÍFICO DE LA IDENTIFICACIÓN DE LA EXISTENCIA DE *PRODUCT PLACEMENT*

1. La LGCA impone tanto que ha de identificarse la presencia del *product placement* como los momentos en los que tiene que llevarse a cabo. En primer lugar, tendrá que identificarse al comienzo de la emisión, en segundo término, tras cada reanudación de ella, y, en tercer lugar, al final de tal emisión. Sin embargo, no se detiene a determinar cómo ha de realizarse[35].

2. Se incorporan las siglas «E.P» para mostrar que el programa o espacio cuenta con emplazamiento de producto y las palabras «Empla-

---

exceptuaba también el *product placement*. España fue sancionada en STJUE (Sala Primera) de 24 de noviembre de 2011 (Asunto C-281/09) por no tomar las medidas precisas para evitar que las cadenas de televisión rebasasen el límite de publicidad de 12 minutos por hora de reloj. *Vid.* estudio más extenso y detallado en otra obra de nuestra autoría: RAMOS HERRANZ, I., *La publicidad en el sector audiovisual, op. cit.,* p. 53-60.

Vid. S.n., «Uteca critica los límites a la publicidad introducida en la Ley Audiovisual», http://cinco-dias.vlex.es/ Se da noticia acerca de las críticas de Uteca [formada por Cuatro, Canal + (televisiones del Grupo Prisa, editor de Cinco Días), Antena 3, La Sexta, Net TV y VEO], que estimaba que se habían reducido en demasía los límites horarios de la publicidad; entendiendo que el tiempo previsto era insuficiente para las telepromociones, además de impactar negativamente en la cuenta de resultados de las televisiones privadas. De otro lado, la asociación que aglutina a los principales anunciantes y publicistas sostenía que la reducción de la publicidad a 12 minutos por hora de reloj posibilitaba evitar la saturación del espectador.

34. En el mismo sentido respecto de la Propuesta de Directiva de modificación de la Directiva de Servicios de Comunicación Audiovisual, que dio lugar a la reforma de 2018 del citado cuerpo legislativo, SÁNCHEZ RUIZ, M., «La regulación europea actual sobre emplazamiento de producto…», *op. cit.*, p. 527.

35. Siguiendo la Directiva de Servicios de Comunicación Audiovisual. *Vid.* CORNILS, MATTHIAS, *Designing Platform Governance: A normative perspective on needs, strategies and tools to regulate intermediaries,* 26 de mayo de 2020, p. 58.

Vid. MEGÍAS QUIRÓS, JOSÉ JUSTO, «El principio de autenticidad en la comunicación comercial», *Revista Comunicación,* nº 12, vol. 1, 2014, p. 66, que destaca la necesidad de identificar la existencia de publicidad para respetar el principio de autenticidad publicitaria. *Vid.* para un estudio de distintas fórmulas publicitarias de difícil identificación p. 65-81 de la obra citada.

zamiento Publicitario»[36]; añadiendo los productos, servicios y las marcas que figuran, a las que se alude o mencionan en las comunicaciones al final de la emisión. El Acuerdo de la CNMC de 17 de septiembre de 2014 en el que se da contestación a diversas consultas formuladas por operadores en materia de publicidad y autopromoción televisivas establece que el emplazamiento de producto ha de quedar identificado por una sobreimpresión o transparencia claramente legible, con una duración mínima de 5 segundos, que señale *«este programa contiene emplazamiento publicitario»;* continúa indicando que, además, al final del programa han de quedar perfectamente enumerados y claramente legibles todos los productos, servicios o marcas que son objeto del emplazamiento, dando la opción de que se diferencien del resto de las menciones y agradecimientos o que se haga a través de transparencias u otras fórmulas de presentación gráfica.

Hemos de tener presente que los destinatarios de la publicidad de tal naturaleza en muchos supuestos no saben qué es el emplazamiento de producto, por lo que la terminología utilizada habrá de ser clara para informar del acto publicitario y de qué tipo, con el fin de no confundir el discurrir de la comunicación sin finalidad publicitaria con la presencia de productos, servicios o marcas objeto del acto publicitario o la mención a o la indicación a ellos con dicha finalidad[37]. Nos parece correcta la refe-

---

36. *Vid.* STS (Sala Contencioso-Administrativa) 4659/2021, de 13 de diciembre de 2021. En el asunto se dilucida sobre el cumplimiento de los requisitos del emplazamiento de producto, de acuerdo con la LGCA de 2010 pero aplicable a la disciplina jurídica actual en la LGCA de 2022, de la inserción de productos eróticos en la seria «La que se Avecina» del Canal FDF. El TS estima que dicha incorporación tiene una finalidad claramente publicitaria y se da el riesgo de producir error en los consumidores, incitándoles de manera subrepticia a la adquisición de los artículos ofrecidos, sin que sea justificativa la utilización de la técnica del emplazamiento publicitario. Considera el TS que, aunque se había identificado como «EP» (Emplazamiento Publicitario), hay infracción de la LGCA, porque se trata de publicidad encubierta.
37. Como establece IRACULIS ARREGUI, NEREA, «El emplazamiento de producto ilícito en televisión como una modalidad de publicidad encubierta», *Revista de Derecho de la Competencia y de la Distribución*, nº 9, 2011, ha de identificarse la naturaleza publicitaria de este tipo de práctica publicitaria, advirtiéndolo de manera suficiente.

rencia a «Emplazamiento Publicitario» y no solamente a las siglas «E.P», que no son percibidas como identificadoras de un acto publicitario[38].

3. Otras formas de identificar la publicidad no convencional, que lo es también el emplazamiento de producto, que implican la presencia de una transparencia con la palabra «publicidad» de forma permanente y legible durante todo el tiempo que dure el acto publicitario, exigible para formas publicitarias igualmente difíciles de identificar como son las telepromociones[39], no tienen cabida en el *product placement*, puesto que se interrumpiría la comunicación y se caracteriza por insertarse de modo parcialmente sutil dentro de ella[40].

Ni que decir tiene que no encaja en absoluto la exigencia para los anuncios publicitarios tradicionales, en los que la LGCA impone la identificación por medios visuales y acústicos del paso a la publicidad.

4. La Directiva de Servicios de Comunicación Audiovisual en su versión actual, de 2018, establece que los plataformas de intercambio de vídeos han de poner a disposición de los usuarios (que serían los influencers), medios, funcionalidades y herramientas necesarios para garantizar

---

38.   SPIELVOGEL, INES, NADERER, BRIGITTE y MATTHES, JÖRG, «Disclosing product placement in audiovisual media services: A practical scientific perpective on the implementation of disclosures across the European Union», *International Journal of Advertising,* vol. 40, nº 1, 2021, establecen que las siglas «P.P» (Product Placement) no son suficientes para que los destinatarios identifiquen la existencia de un acto publicitario. De modo que sostienen que las siglas «P.P» más el texto *«This program contains product placement»* mejoran la comprensión de la audiencia. El problema de esta forma de identificación es que, como señalamos en el texto, los destinatarios de la publicidad no saben qué es *product placement*, por lo que es más conveniente incorporar la palabra «publicitario» para acompañar a «emplazamiento» (*placement*).

39.   Consisten en una comunicación audiovisual publicitaria en la que el presentador u otros participantes en el programa (como pueden ser los colaboradores) usan el escenario, la ambientación y el *atrezzo* de dicho programa, aludiendo a las características de un bien o servicio; la alusión se presenta vinculada al programa.

40.   SÁNCHEZ RUIZ, M., «Los presupuestos y límites del emplazamiento publicitario», *op. cit.,* se pronuncia en el mismo sentido, precisando que en el caso del emplazamiento de producto no se puede hacer referencia a una exclusión de la obligación de identificar el carácter publicitario del acto sino que se sustituye por un modo más adaptado al *product placement*.

que queden identificadas las comunicaciones audiovisuales llevadas a cabo mediante sus canales [art. 28 *ter* c)][41].

La LGCA sigue la estela de la Directiva de Servicios de Comunicación Audiovisual en su versión de 2018, plasmando la precitada obligación en el art. 91.2 b). Así, se formula del siguiente modo: las llamadas también en la LGCA, siguiendo el mandato de la UE, plataformas de intercambio de vídeos tienen que contar con una funcionalidad para que los usuarios que suban vídeos (como decíamos, es el caso de los influcencers) declaren si a su entender, o hasta donde cabe razonablemente esperar que llega su entendimiento, tales vídeos incluyen publicidad.

El Reglamento de Servicios Digitales[42] (art. 39) impone especiales normas para los prestadores de plataformas en línea de muy gran tamaño o de motores de búsqueda en línea de muy gran tamaño cuando inserten «anuncios publicitarios». Ya comentamos en el capítulo precedente lo poco afortunada que es la terminología en lo que se refiere a «anuncios publicitarios», puesto que ha de entenderse que alude solamente a los actos publicitarios que consisten en anuncios publicitarios tradicionales o *spot* o *banners* o *pop-up*; en cuyo caso quedaría fuera el *product placement*.

La publicidad personalizada enviada a los usuarios de plataformas digitales o motores de búsqueda no está habitualmente en manos de los influencers, ni los influencers actúan siempre en el marco de actos publicitarios personalizados.

---

41.   *Vid.* OTERO COBOS, MARÍA TERESA, «Los "influencers" como medio de comunicación audiovisual», *op. cit.*, p. 317.

42.   Sobre la regulación de la identificación de la publicidad en el Reglamento de Servicios Digitales *vid.:* RANGANATHAN, N., «Regulating influence, timidly», *op. cit.*, p. 202.; DE MIGUEL ASENSIO, P. A., «Obligaciones de diligencia y responsabilidad de los intermediarios…», *op. cit;* *vid.* VÁZQUEZ RUANO, TRINIDAD, «Alcance del uso de Internet y sus efectos en el ámbito publicitario y contractual…», *op. cit.*, p. 176.

Capítulo V

Protección de los menores de edad e influencers

SUMARIO: I. PRIMEROS ASPECTOS. II. LA PRESERVACIÓN DE LA CALIDAD DE VIDA DE LOS MENORES DE EDAD EN LA DISCIPLINA JURÍDICA A LA QUE SE SOMETEN LOS INFLUENCERS. EQUILIBRIO ENTRE EL PESO NORMATIVO (QUE RECAE SOBRE LOS INFLUENCERS) Y LA NECESARIA PROTECCIÓN DE LOS MENORES. III. EL TRATAMIENTO ESPECÍFICO DE LOS MENORES DE EDAD EN LA LEY GENERAL DE COMUNICACIÓN AUDIOVISUAL. IV. LA ESPECIAL PROTECCIÓN DE LOS MENORES DE EDAD EN EL REGLAMENTO DE SERVICIOS DIGITALES (EN LA LLAMADA LEY DE SERVICIOS DIGITALES, DSA). V. LA LEY FRANCESA SOBRE INFLUENCER: LOI Nº 2023-451, DE 9 DE JUNIO DE 2023, *ISANT À ENCADRER L'INFLUENCE COMMERCIALE ET À LUTTER CONTRE LES DÉRIVES DES INFLUENCEURS SUR LES RÉSEAUX SOCIAUX.*

I. PRIMEROS ASPECTOS

1. Los menores de edad utilizan las redes sociales y las plataformas digitales de contenido como punto principal del entretenimiento y para acceder a información. La facilidad para usar dispositivos móviles, tablet u ordenadores, al margen del control parental en muchas de las ocasiones deja a estos consumidores y usuarios más desprotegidos. No hemos de olvidar que estamos ante usuarios vulnerables, y lo son especialmente cuando se encuentran en la infancia, es decir, son menores de 14 años; en esa corta edad, particularmente hasta los 3 o 5 años no distinguen el contenido publicitario del que no lo es[1].

---

1. EAGLE, L. y DAHL, S., «Product placement in old and new media...», *op. cit.*, ponen de manifiesto como los niños tienen menor capacidad de defensa frente a la finalidad persuasiva de la publicidad.
    MORILLAS FERNÁNDEZ, MARTA, «La protección jurídica de los menores ante la publicidad: Una visión común de España y Portugal», *Revista Luso-Brasileira*

La presencia constante de contenido publicitario en las comunicaciones audiovisuales a las que acceden les convierten en potenciales consumidores o prescriptores de productos o servicios o en prescriptores para que sus padres u otros adultos los adquieran. Como ya hemos venido señalando, los menores de edad y los jóvenes mayores de edad perciben a los influencers como personas cercanas, amigos *inclusive;* los influencers actúan de un modo natural[2] y llegan en mayor medida a ellos, con lo que la facilidad de persuasión en el campo publicitario es más elevada.

En algunos casos los influencers que siguen los menores de edad son también menores, con lo que la identificación con ellos se eleva, y claro

---

de Direitodo Consumo, vol. III, nº 10, junio, 2013, p. 127, que indica que incluso cuando rebasan la edad señalada en el texto no reconocen en la publicidad su función persuasiva. En el mismo sentido también BACH, J.F; HOUDÉ, O Y LÉNA, P., *L'enfant et les écrans. Un Avis de l'Académie des sciences,* Institute de France, Académie des sciences, 2013, que maneja otro tramo de edad, al señalar que entre los 2 a 3 años los niños no diferencian claramente la publicidad de los programas, y aboga por ello por la prohibición de la publicidad en los programas infantiles.
FONG, F. y CHAN, Y., «Prior disclousure of product placement: The more explicit the disclosure…», *op. cit.,* destacan como el emplazamiento de producto supone una invasión de la audiencia inocente, como son en particular los menores de edad.
ÁLVAREZ VEGA, ISABEL, «Protección jurídica de los menores frente a la publicidad», en VÁZQUEZ RODRÍGUEZ, BEATRIZ, *30 aniversario de la Convención sobre los Derechos del Niño Logros y retos desde una perspectiva multidisciplinar,* Dykinson, 2020, p. 192, señala como los menores de edad son especialmente influenciables. Indicando que el papel configurador de la publicidad ocasiona que sus contenidos pasen a formar parte esencial de su entorno de valores y preferencias a medida que vayan madurando. En la p. 194 precisa que la publicidad, por el carácter vulnerable de los menores de edad, puede ser especialmente dañina.

2. En la misma línea DE FRUTOS TORRES; BELINDA, PASTOR-RODRÍGUEZ, ANA y LÓPEZ PASTOR, ANA TERESA, «Publicidad en redes sociales, ¿admiración o rechazo en audiencias jóvenes?», en De Frutos Torres, B., Pastor-Rodríguez, A. y López Pastor, A. T., *Publicidad, sostenibilidad y justicia social. Qué puede aportar la publicidad a la construcción de una sociedad mejor,* Tirant lo Blanch, 2022, que añaden que por ello pasan a ser grandes embajadores de marca; convirtiéndose los influencers en un activo importante para llegar a los jóvenes de 16 a 24 años. Destacando como cuando se utiliza influencers tienen ellos más importancia que el contenido, por su credibilidad y capacidad de implicar a los destinatarios.

está de igual modo la capacidad de influencia en los menores de edad[3]. Las comunicaciones de los influencers menores y mayores de edad hacen uso frecuentemente el emplazamiento publicitario pasivo, o sea, la inserción de productos, servicios o marcas durante dichas comunicaciones, logrando que los *followers* relajen su reticencia hacia actos publicitarios, porque nos los perciben como tales, consiguiendo así una mayor intrusión y eficacia publicitaria. Pero no olvidemos que el art. 85 de la LGCA prohíbe el emplazamiento de producto en los programas infantiles.

Los contenidos, incluyendo los publicitarios, son preparados para los destinatarios, en nuestro caso los menores de edad. Así es en particular con los videojuegos difundidos a través de redes sociales o plataformas digitales de contenido, al igual que *mediante videoconsolas*. Específicamente el emplazamiento de producto a lo largo de videojuegos[4] logra que los menores de edad y jóvenes mayores de edad (no hay que olvidar que también son utilizados por adultos aficionados a los videojuegos) estén sometidos a los estímulos de la presencia de marcas, productos y/o servicios por su inserción, acompañada de una presentación apetitosa, con personajes, colores, dibujos y medios para atraerlos, que se acompaña de la mención de las marcas, productos o servicios por los *streamers, v. gr.* por los youtubers, con un lenguaje divertido y distendido[5] y una conexión emocional con los *gamers;* todo ello logra la no captación de la finalidad persuasiva propia de la publicidad y la ausencia de rechazo de contenidos publicitarios, debido a que en la mayoría de las ocasiones no son recibidos

---

3. NASANTA LUBIS, ESTER, WAHYUDI, EKO, «Juridical stydy of children who work as influencers in receiving endorsements in social media», *Journal of Academic Research and Science,* vol. 9, nº 1, 2024, p. 78, precisan que el uso de niños como influencers tiene ventajas y desventajas; considerando la confianza de los niños como una ventaja. Como ventajas también indican que se encuentran poder explorar los potenciales intereses y sus talentos, al igual que ser más activos en la socialización con el mundo exterior. Dentro de las desventajas señalan también están las psicológicas.

4. EAGLE, L. y DAHL, S., «Product placement in old and new media...», *op. cit.,* destacan como la inserción del *product placement* en el desarrollo de los videojuegos hace que no sea percibido por los usuarios.

5. ONGKRUTRAKSA, WORAWAN, «Exposures, attitudes, and behavior responses of young consumers towards product placement through YouTube video-game streaming», *International Journal of Electronic Commerce Studies,* vol. 13, nº 3, 2022, p. 61.

como tales; en suma, se convierte en la situación perfecta para que se ubiquen actos publicitarios; además, se suelen dejar links a los productos o servicios aludidos para lograr que los usuarios los adquieran o contraten[6].

Es destacable también la presencia de publicidad, en concreto, de *product placement*, en vídeos musicales, tanto en la trama del vídeo como en las letras de las canciones de los artistas más famosos (en este último caso la expansión es aún mayor, ya que se difunden también en Spotify u otras plataformas sonoras, al igual que mediante la radio). El resultado es que llega a un gran número de destinatarios, que en un momento de desconexión y de diversión reciben impactos publicitarios de gran potencia[7].

2. Hemos de tener presente igualmente los metaversos, en los que la inclusión de *product placement* con incorporación de productos los dota de realismo, que incentiva la inmersión en estos universos paralelos, y consigue la persuasión publicitaria.

3. El Ordenamiento Jurídico no se encuentra al margen de esta realidad. La Directiva de Servicios de Comunicación Audiovisual en su versión de 2010 tenía como finalidad destacable la protección de los menores de edad y ese testigo ha sido tomado por la versión de 2018, en la que se refuerza la protección del menor, también ante actos publicitarios[8]. El Reglamento de Servicios Digitales (conocido como Ley de Servicios Digitales o DSA —*Digital Services Act*—) protege de manera más elevada

---

6. También tiene elementos positivos: permite el acceso a información sobre bienes que de otro modo probablemente no se tendría.

7. *Vid.* EAGLE, L. y DAHL, S., «Product placement in old and new media…», *op. cit., que* analizan el vídeo de la canción «Telephone» de Lady Gaga, señalando que figuran 10 emplazamientos de producto separados; indicando además que más de 4 millones de personas visionaron el vídeo en las primeras 24 horas, lo que pone de manifiesto el impacto elevado que consiguen los titulares de marcas, que remuneran a los artistas (influencers) por la difusión de sus marcas, sus productos y/o servicios.

8. *Vid.* nuestras reflexiones en RAMOS HERRANZ, I., *La publicidad en el sector audiovisual, op. cit.,* p. 81 y ss. *Vid.* también WALTER, HAUG, T., «The New Audiovisual Media Services Directive as a missed opportunity…», p. 38, que realiza una dura crítica de la regulación de la protección de los menores en la Directiva de Servicios de Comunicación Audiovisual en su versión de 2010, señalando que el legislador perdió la oportunidad de instaurar normas más restrictivas.

a los menores de edad frente a los actos publicitarios realizados en plataformas digitales de gran tamaño y de tamaño inferior.

II. LA PRESERVACIÓN DE LA CALIDAD DE VIDA DE LOS MENORES DE EDAD EN LA DISCIPLINA JURÍDICA A LA QUE SE SOMETEN LOS INFLUENCERS. EQUILIBRIO ENTRE EL PESO NORMATIVO (QUE RECAE SOBRE LOS INFLUENCERS) Y LA NECESARIA PROTECCIÓN DE LOS MENORES

1. El número de normas jurídicas relativas a la protección de los menores de edad, y de otra naturaleza, que afecta a los influencers en ocasiones es excesivo. Hemos de intentar establecer un justo equilibrio entre los intereses de preservación de la situación de los menores de edad y la de otros operadores económicos o del mercado, como son los infuencers. Demasiado peso del Ordenamiento Jurídico frena el avance e impide el desarrollo de actividades empresariales[9].

El avance de actividades empresariales afecta también a menores de edad cuando son empresarios-influencers. Sin olvidar que los menores de edad en ocasiones necesitan ser influencers para salir de situaciones difíciles dentro de sus hogares.

2. Como hemos adelantado, la Directiva de Servicios de Comunicación Audiovisual en su versión actual y la LGCA establecen normas jurídicas específicas para los menores de edad. La Directiva de Servicios de Comunicación Audiovisual es una Directiva de mínimos en la disciplina; el sistema se basa en el control parental, sin embargo, hay que tener en cuenta que los padres, tutores u otros adultos no pueden estar constantemente supervisando y activando medidas digitales, no es posible ni conveniente[10]. Aquí también ha de haber una nivelación entre los distintos intereses[11].

---

9. En esta obra precisamos que los menores de edad también son empresarios en ocasiones (como puede ser operando como influencers).
10. DE MIGUEL ASENSIO, PEDRO ALBERTO, «Obligaciones de diligencia y responsabilidad de los intermediarios: El Reglamento (UE) de Servicios Digitales..»,

El Libro Blanco de la Influencia Responsable, iniciativa de ICMedia, promovida por la Comisión Europea mediante el Proyecto SIC-SPAIN 2.0 (*Safer Internet Spain* 2.0)[12] aborda la protección del menor en las comunicaciones realizadas en redes sociales por influencers. Como destacan, los influencers son referencias para los menores, niños y adolescentes, en sectores como la moda o el ocio; Los menores de edad utilizan muchas horas del día visionando a los influencers, olvidando que en realidad no son sus amigos, sin percibir los riesgos; los menores más vulnerables son los niños y los que se encuentran en la horquilla de 10 a 17 años, y lo son porque dan más credibilidad a los mensajes de los influencers. Se llama a que los influencers sean responsables en sus comunicaciones, para proteger a los menores, pero se destaca que frecuentemente los influencers son también menores de edad y por ello es más difícil que concurra dicha responsabilidad, debido a que no cuentan con profesionalización[13].

---

op. cit., precisa que «*En materia de protección de menores, el artículo 28 RSDincluye ciertas obligaciones que no representan un gran avance en un ámbito en el que la aplicación efectiva del ordenamiento jurídico ha presentado tradicionalmente significativas carencias, en particular, en relación con la falta de eficacia de los controles relativos a la no utilización de los servicios de plataforma por quienes no alcanzan la edad mínima para ello, que se vincula con una tradicional falta de diligencia al evaluar si el destinatario del servicio es un menor. A este respecto, llama la atención que la norma prevea que el cumplimiento de las obligaciones que establece «no obligará a los prestadores de plataformas en línea a tratar datos personales adicionales a fin de evaluar si el destinatario del servicio es un menor» (art. 28.3 RSD). El artículo 28.1 se limita a exigir a los prestadores de plataformas «accesibles a los menores» que establezcan «medidas adecuadas y proporcionadas para garantizar un elevado nivel de privacidad, seguridad y protección de los menores en su servicio». Contempla, además, que la Comisión pueda adoptar directrices en esta materia (art. 28.4). Por su parte, en la línea de lo antes indicado con respecto al artículo 26.3 RSD, se prohíbe que los prestadores de plataformas presenten anuncios en su interfaz basados en la elaboración de «mediante la utilización de datos personales del destinatario del servicio cuando sean conscientes con una seguridad razonable de que el destinatario del servicio es un menor» (art. 28.3).*».

11. Las medidas para evitar que los memores de edad accedan a contenido digital sin estar autorizados para ello se encuentran en las líneas impulsadas por la Agencia Española de Protección de Datos (AEPD). En concreto en el Decálogo de Principios. Verificación de edad y protección de personas menores de edad ante contenidos inadecuados. Que inspirará al *European Data Protection Board.*

12. Cofinanciado por la UE a través del Programa CEF Telecom, de principios de los 20.

13. No obstante, matizamos nuevamente que en muchas ocasiones los menores de edad influencers son profesionales o empresarios. Desarrollan de forma habitual, haciéndolo su profesión, y en forma de empresa, la actividad de influencer.

Tal Libro Blanco de la Influencia Responsable enumera los riesgos para los menores de las redes sociales y con ello de la presencia de influencers. Así, la mayor facilidad de acceso a contenidos que no son adecuados para ellos y una menor eficacia del control parental; la dificultad para diferenciar información y opinión, ficción y realidad (poniendo como ejemplo filtros, efectos especiales o producciones audiovisuales)[14], y contenido orgánico y contenido publicitario/patrocinado; credulidad de los menores de edad respecto de los influencers que admiran; adicción a los contenidos creados por los influencers o juegos que promocionan; desconocimiento de los padres u otros adultos de lo que realizan en las redes sociales y del tiempo real que pasan en ellas; ansiedad de estar al día de los contenidos publicados por los influencers (FOMO, *fear of missing out*, es decir, miedo a perderse algo); la imagen de la vida y cuerpo perfectos que presentan los influencers puede llevar en ocasiones a problemas de autoestima, lo que conlleva imitar comportamientos poco saludables que pueden promover trastornos vinculados con la alimentación; difusión de comportamientos nocivos para la salud que se hacen públicos mediante retos virales (frecuentemente son apoyados y difundidos por influencers); difusión también de noticias falsas o características de productos que no corresponden con la realidad (en este caso habría publicidad engañosa, más fácil de causar error en los menores de edad). Los menores de edad también idealizan la profesión de los influencers, por percibirla como una profesión atractiva y que genera dinero fácil, lo que incrementa su deseo por serlo.

También se destacan las virtudes de las actividades de operadores del mercado como los influencers, entre las que se encuentra ser una fuente poderosa de información para los menores de edad. Y así es; la operativa de los influencers posibilita que los menores de edad, y los adolescentes mayores de edad, tengan conocimientos, se entretengan, desconecten y descansen, que obviamente es necesario.

Este documento incentiva la concienciación de los menores de edad y jóvenes en el uso responsable de las redes sociales y el respecto de

---

14. Instrumentos que de modo parecido han sido usados antes de que existieran los influencers en sentido puro.

otros usuarios e influencers. Del mismo modo, incentiva las conversaciones entre menores de edad y adultos para que sepan estos últimos los contenidos que consumen[15]. Los influencer por su parte han de ser conscientes precisamente de la influencia que ejercen en los menores de edad y de que son referentes entre distintos grupos de edad para modular sus contenidos. Las instituciones y organizaciones son llamadas a promover la protección de los menores de edad en plataformas sociales, educando a la sociedad, alumnos y profesores.

La publicidad de bebidas alcohólicas se considera esencial en la Directiva de Servicios de Comunicación Audiovisual, estableciendo un régimen jurídico más amplio y en ocasiones más estricto; aquí es claro que la balanza ha de estar a favor de los menores de edad, de su protección frente a tales bebidas que perjudican su salud (el derecho a la salud prima sobre la libertad para realizar publicidad —ubicable tanto en la libertad de empresa como en la libertad de expresión—).

La autorregulación, tan importante en materia publicitaria[16], se mantiene y amplia en la Directiva de Servicios de Comunicación Audiovisual modificada en 2018. Encontramos una vía para velar por los intereses de los menores de edad mediante normas éticas, a las que se someten los influencers, sin necesidad de normas imperativas, que pueden asustar o asfixiar a los empresarios de tal índole; logrando con ello un elogiable equilibrio.

El Informe del Parlamento Europeo sobre la aplicación de la Directiva de Servicios de Comunicación Audiovisual revisada, de 14 de abril de 2023[17], ahonda en la necesidad de proteger a los menores frente a con-

---

15. Esa sería la situación ideal, sin embargo, no siempre es posible.
16. Los códigos deontológicos (éticos, se seguimiento voluntario) y la prestación de servicios de resolución extrajudicial de controversias (ADR, *Alternative Dispute Resolution*) están presentes en la operativa publicitaria desde el punto de vista internacional, regional, nacional e interestatal.
   Se trata de una forma de evitar acudir a los tribunales de justicia. Como regla general tiene menor impacto en los destinatarios. Y las resoluciones de entidades como el Jurado de la Publicidad de la Asociación para el Autocontrol de las Comunicaciones Comerciales (Autocontrol) son un antecedente de envergadura cuando finalmente se acude a los citados tribunales.
17. Procedimiento 2022/2038 (NI).

tenidos nocivos, dando con ello cumplimiento a los dictados de la directiva analizada.

III. EL TRATAMIENTO ESPECÍFICO DE LOS MENORES DE EDAD EN LA LEY GENERAL DE COMUNICACIÓN AUDIOVISUAL

1. La LGCA es aplicable tanto a la televisión lineal, como *on demand*, a las emisiones radiofónicas, emisiones sonoras y a la actividad audiovisual realizada en plataformas de intercambio de vídeos. Como hemos determinado previamente, la actividad de los influencers no se circunscribe a Internet, ni a las redes sociales en particular, alcanza a las emisiones radiofónicas tradicionales (sin conexión a Internet) y a la televisión tradicional (que sería la lineal pero no conectando a Internet).

2. El art. 94 de la LGCA ordena a los usuarios de especial relevancia[18] que protejan a los menores de edad, de manera diligente. Dulcifica la exigencia al señalar que en el cumplimiento de sus obligaciones utilizarán las medidas adecuadas (este último es el término literal usado por el legislador español).

Estas normas no son aplicables a determinados operadores, según la LGCA:

— Los Centros educativos o científicos cuando su actividad entre dentro de sus cometidos o esta sea de carácter divulgativo.

---

18. El art. 94. 2 de la LGCA precisa que: *«A los efectos de esta ley, tendrán la consideración de usuarios de especial relevancia aquellos usuarios que empleen los servicios de intercambio de vídeos a través de plataforma y cumplan de forma simultánea los siguientes requisitos:*
    a) El servicio prestado conlleva una actividad económica por el que su titular obtiene unos ingresos significativos derivados de su actividad en los servicios de intercambio de vídeos a través de plataforma;
    b) El usuario de especial relevancia es el responsable editorial de los contenidos audiovisuales puestos a disposición del público en su servicio.
    c) El servicio prestado está destinado a una parte significativa del público en general y puede tener un claro impacto sobre él.
    d) La función del servicio es la de informar, entretener o educar y el principal objetivo del servicio es la distribución de contenidos audiovisuales.
    e) El servicio se ofrece a través de redes de comunicaciones electrónicas y está establecido en España de conformidad con el apartado 2 del artículo 3.».

— Museos, teatros o cualquier otra entidad cultural para presentar su programación o actividades[19].

— Administraciones públicas o partidos políticos con fines de información y de presentación de las funciones que desempeñan.

— Empresas y trabajadores por cuenta propia con el fin de promocionar los bienes y servicios producidos o distribuidos por ellas. En este punto hay una contradicción en la LGCA, atendiendo a que los influencers funcionan en forma de empresa, o trabajan por cuenta propia, y la promoción puede ser publicitaria; hay que entender que el legislador deja un margen de actuación lícito a los influencer, para poder desarrollar sus actividades.

— Asociaciones y organizaciones no gubernamentales con fines de autopromoción y de presentación de las actividades que realizan de acuerdo con su objeto.

3. El art. 124 de la LGCA tiene como denominación «*Protección de los menores frente a las comunicaciones comerciales audiovisuales*». Los menores no necesitan siempre ser protegidos «*frente*» a las comunicaciones comerciales audiovisuales; lo correcto sería «en», atendiendo a que muchos de los contenidos audiovisuales comerciales (no todos ellos publicitarios en sentido puro, lógicamente) son de entretenimiento saludable y necesario. Los menores de edad no son irracionales, en principio; cuanto más elevado sea el nivel de prohibición, mayor interés de los menores de edad hacia tal prohibición. Los menores de edad están informados; algunos de ellos tienen una capacidad por encima de la media.

Este artículo de la LGCA comienza siguiendo el espíritu del legislador de la UE. Intentando evitar que las comunicaciones comerciales audiovisuales perjudiquen física, mental o moralmente a los menores. No usa un «tono» imperativo directo. En todo caso, para cumplir su objetivo el legislador español establece que la publicidad no podrá incitar, directamente, a los menores de edad a la compra o arrendamiento de productos

---

19. La exclusión de los servicios que prestan los museos, los teatros u otras entidades que suelen tener fines culturales (en el mejor sentido de la palabra) es correcta.

o servicios (valiéndose de su inexperiencia o credulidad)[20]. Ni tampoco animar (directamente) a los menores de edad con el fin de que convenzan a sus padres o terceros para que adquieran bienes o contraten servicios objeto de la publicidad.

La misma norma determina que la publicidad tampoco puede usar la relación especial de confianza que los menores depositan en sus padres, profesores, u otras personas como son los presentadores de programas infantiles o personajes de ficción. Tienen cabida en la referencia a otras personas los influencers de siempre y los actuales[21].

El legislador en el art. 124.1 de la LGCA continúa protegiendo como se hace en el art. 3 de la LGP, prohibiendo la publicidad audiovisual que, sin que haya un motivo que lo justifique, presente a menores en situaciones de peligro[22].

---

20. *Vid.* COLE, MARK D. y ETTELDORF, CHRISTINA, *Future Regulation of Cross-border Audivisual Content Dissemination. A Critical Analysis of the Current Regulatory Framework for Law Enforcement under the EU Audiovisual Media Services Directive and the Proposal for a European Media Freedom Act,* p. 122-123. En dicha monografía establecen que la Directiva de Servicios de Comunicación Audiovisual, en su versión actual, disciplina esta materia para velar por la situación de los menores de edad en las comunicaciones comerciales audiovisuales. Nuestro legislador (el español) en la LGCA se somete, adecuadamente, a los dictados del legislador de la UE; concretamente al imponer que la publicidad no ha de exhortar de manera directa a los menores de edad para la adquisición o arrendamiento de productos o servicios.

21. PLATERO ALCÓN, ALEJANDRO, *Repercusiones jurídico-civiles de la actividad de los influencers digitales. Especial consideración de la publicidad encubierta,* Dylkinson, 2023, en el capítulo III, titulado «Los kidsinflucencers», p. 105 y ss., analiza la actividad de los influencers menores de edad, recordando que es frecuente cada vez en menor medida (con la posibilidad de repercusiones negativas para ellos). Pone de manifiesto que son *«un auténtico filón»* tanto desde la perspectiva de la comunicación como de las campañas comerciales, al igual que la posible lesión de los derechos de la personalidad de los menores de edad. Precisamos nosotros que desde la perspectiva de la relación de usuarios de plataformas digitales menores de edad y menores de edad influencers se debería limitar la conexión tan directa con el público infantil en particular.

22. Es difícilmente justificable presentar a un menor de edad, y a un mayor de edad, en una situación de peligro en un acto publicitario. Tendría cabida en la publicidad institucional (o sea, la realizada por las Administraciones Públicas), p.e en anuncios televisivos para evitar accidentes de tráfico.

La publicidad que incentive la discriminación entre hombres y mujeres está prohibida también. Prohibición que alcanza a la que ensalce estereotipos de género, origen étnico, nacionalidad, religión o creencia, discapacidad, edad u orientación sexual.

El culto al cuerpo, el rechazo de la autoimagen vía publicidad de productos adelgazantes, intervenciones quirúrgicas o tratamientos de estética están contemplados en el art. 124.1 de la LGCA. Son ilícitos si utilizan como argumento publicitario el rechazo social por la condición física o vinculan el éxito a la estética o al peso.

Tal y como puede observar el lector, tras el estudio realizado en líneas precedentes de los distintos deberes y obligaciones impuestos por la LGCA, las tareas de los creadores publicitarios (las agencias publicitarias) y sus asesores son lícitamente remunerables. Hemos de tener en cuenta, además, que el número de deberes u obligaciones puede asfixiar a los operadores del mercado o económicos.

4. La LGCA, en el art. 124.2, aborda los productos que estén dirigidos específicamente a menores de edad. Mencionando los juguetes propios de los memores, por la importancia que tiene la regulación *cuasi*-imperativa al respecto

Estos juguetes no podrán inducir a error respecto de las características, seguridad, capacidad y aptitudes precisas para que los menores de edad puedan usarlos sin que tenga lugar ningún daño para sí mismos ni para terceros[23].

---

23. Esta regulación sigue los dictados de la LGP, art. 3. Añadiendo que los estereotipos sexistas no podrán ser el objeto de un acto publicitario relativo a productos (y habría que añadir servicios) propios de los menores de edad (destacablemente los juguetes), de acuerdo con la LGP, art. 3 (a la que se remite).
Hemos tenido la ocasión de precisar en otras obras de nuestra autoría que la disciplina jurídica contemplada en la LGP sobre los menores de edad es completa; *vid.* RAMOS HERRANZ, I., «La publicidad de juguetes y los menores de edad en la Ley General de Publicidad», *RDP,* marzo-abril, 2022, p. 11; y RAMOS HERRANZ, I., *La protección de los menores de edad en la publicidad infantil…, op. cit.*

5. El legislador español, siguiendo las normas jurídicas de la UE, en el art. 124.3 de la LGCA, se dirige a la autoridad competente[24], para que impulse la *self-regulation* (autorregulación).

IV. LA ESPECIAL PROTECCIÓN DE LOS MENORES DE EDAD EN EL REGLAMENTO DE SERVICIOS DIGITALES (EN LA LLAMADA LEY DE SERVICIOS DIGITALES, DSA)

1. El Reglamento de Servicios Digitales (conocido como Ley de Servicios Digitales, o en terminología anglosajona *Digital Services Act*)[25], reglamento de la UE y con ello de aplicación directa, es una norma de armonización total, no dando cabida a los Estados miembros para imponer normas de mayor rigor que las dictadas por el legislador de la UE.

2. Aborda la publicidad en plataformas digitales, como hemos tenido la ocasión de señalar en capítulos precedentes, y se detiene a proteger la situación de especial vulnerabilidad de los menores de edad[26]. No permitiendo que los prestadores de plataformas en línea realicen publicidad personalizada basada en sus datos personales (art. 28.2 del Regla-

---

24.   La audiovisual que corresponda, entre otras.
25.   *Vid.* sobre este reglamento SÖDERLUND, KASIA, ENGSTRÖM, EMMA, HARESAMUDRAM, KASHYAP Y LARSSON, STEFAN, «Regulating high-reach AI: On transparency directions in the Digital Services Act», *Internet Policy Review*, vol. 13, nº 1, 2024, p. 1-31. Donde se pone de manifiesto que uno de los puntos principales de negocio de las plataformas digitales es la publicidad.
26.   Como se indica en el Considerando 71 de esta norma: «*La protección de los menores es un objetivo político importante de la Unión. Puede considerarse que una plataforma en línea es accesible para los menores cuando sus condiciones generales permiten a los menores utilizar el servicio, cuando su servicio está dirigido a menores o es utilizado predominantemente por ellos, o cuando el prestador es consciente de que algunos de los destinatarios de su servicio son menores, por ejemplo, porque ya trata para otros fines datos personales de los destinatarios de su servicio que revelan su edad. Los prestadores de plataformas en línea utilizadas por menores deben adoptar medidas adecuadas y proporcionadas para proteger a los menores, por ejemplo, diseñando sus interfaces en línea o partes de estas con el máximo nivel de privacidad, seguridad y protección de los menores por defecto, cuando proceda, o adoptando normas para la protección de los menores, o participando en códigos de conducta para la protección de los menores. Deben tener en cuenta las mejores prácticas y las orientaciones disponibles, como las que ofrece la Comunicación de la Comisión titulada "Una década digital para los niños y los jóvenes: la nueva estrategia europea para una internet*

mento de Servicios Digitales)[27]. En consecuencia, la publicidad personalizada que realicen los influencer en plataformas digitales no podrá
tener como destinatarios a estos usuarios. Como se precisa en el considerando del Reglamento de Servicios Digitales que figura en la nota
a pie de este párrafo y en el art. 28.2, la obligación señalada implica que
la plataforma digital no ha de realizar publicidad personalizada cuando
sean conscientes con una seguridad razonable de que los destinatarios
son menores de edad[28].

Se trata en definitiva de que las plataformas digitales, entre ellas las
redes sociales, respeten el Ordenamiento Jurídico vigente, ya que la consecuencia del incumplimiento es la aplicación de las normas de la UE, junto
a otras[29].

---

mejor para los niños (BIK+)". Los prestadores de plataformas en línea no deben
presentar anuncios basados en la elaboración de perfiles mediante la utilización
de datos personales del destinatario del servicio cuando sean conscientes con
una seguridad razonable de que el destinatario del servicio es un menor. De
conformidad con el Reglamento (UE) 2016/679, en particular el principio de
minimización de datos previsto en su artículo 5, apartado 1, letra c), esta prohibición no debe llevar al prestador de la plataforma en línea a mantener, obtener
o tratar más datos personales de los que ya dispone para evaluar si el destinatario
del servicio es un menor. Por lo tanto, esta obligación no debe incentivar a los
prestadores de plataformas en línea a capturar la edad del destinatario del servicio antes de su uso. Esto debe aplicarse sin perjuicio del Derecho de la Unión
en materia de protección de datos personales.».

Hemos tenido la ocasión de precisar en capítulos anteriores de esta obra que la
terminología publicitaria del Reglamento de Servicios Digitales no es la adecuada
en todas la ocasione. La alusión este caso a «anuncios» no es correcta, ya que
los anuncios publicitarios tradicionales o *spot* no son la única forma de actos
publicitarios, existen otros formatos, como es el emplazamiento publicitario.

27. Como señala CANTERO GAMITO, M., «Do to many cooks spoil the broth? How
EU Law underenforcement alows TikTok's vilation of minors right», *Journal of
Consumer Policy,* 46, 2023, p. 284, las plataformas digitales inicialmente fueron
utilizadas como un espacio específico y separado para memes, bailes y entretenimiento, al igual que para expresar ideas, incluyendo las políticas y estilo de
vida. Pero, tal y como precisa el autor, cada vez más los usuarios comparten datos
sensibles y privados en dichas plataformas digitales.

28. Y en el art. 28.3 el Reglamento de Servicios Digitales especifica que para cumplir
con esta obligación no se impone que se traten más datos personales añadidos
para saber si los destinatarios son menores de edad. De este modo evita que los
prestadores de plataformas en línea realicen más actividades y a la vez protege
parte de los datos personales de los menores de edad.

29. *Vid.* WILMAN, FOLKERT, «The EU's system of knowledge-based liability for
hosting service providers in respect of illegal user content-between the

3. Todo el sistema del Reglamento de Servicios Digitales se sustenta en la corregulación. Por ello, llama a la convivencia entre esta norma de Derecho Positivo, junto con la Directiva de Servicios de Comunicación Audiovisual vigente, y sus normas de transposición en los Estados miembros, de un lado, y los códigos de conducta, de otro, que en materia publicitaria ya sabe el lector que gozan de gran predicamento.

De igual modo llama a la autorregulación[30].

4. El Considerando 81 del Reglamento de Servicios Digitales establece la intención de evitar que los menores se vean expuestos a contenidos que pudieran perjudicar su salud y su desarrollo físico, mental y moral (con interfaces con un diseño que explote de manera intencionada o involuntaria sus debilidades y la inexperiencia que les caracteriza o que pudiera ocasionar un comportamiento adictivo). Conecta con la Directiva de Servicios de Comunicación Audiovisual en su versión de 2010 y en su versión actual (tras la modificación realizada en 2018)[31]; es decir, es

---

30. ZINGALES, NICOLO, «The DSA as a Paradigm Shift for Online Intermediaries» Due Diligence Hail To «Meta-Regulation», en VAN HOBOKEN, J. QUINTAIS, J. P., APPELMAN, N., RONAN FAHY, I. y STRAUB, M., *Putting the Digital Services Act into Practice,* analiza la meta-regulación en particular en el Reglamento de Servicios Digitales; en la p. 219 establece específicamente que una de las críticas realizadas a esta norma es el coste de gestionar y crear un número elevado de regulación.
HUSORES, MARTIN, «Rising above liability: The Digital Services Act as a blueprint for the second generation of global Internet rules», *Berkeley Technology Law Journal,* vol. 38, nº 3, 2023, p. 134, señala que con la Directiva de Comercio Electrónico únicamente estaban concernidas en cuanto a la responsabilidad las plataformas digitales; sin embargo, tras la adopción del Reglamento de Servicios Digitales, precisa que tiene lugar la implicación de la sociedad civil.
31. La STJUE (Sala novena), de 21 de febrero de 2018, Asunto Peugeot Deutschland GmbH y Deutsche Umwelthilfe eV, C-132/17, analiza la aplicación de la Directiva de Servicios de Comunicación Audiovisual, en su versión de 2010, a un vídeo promocional de modelos de turismo nuevos difundido en un servicio en línea de YouTube por parte de Peugeot Deustschland GmbH, en respuesta a la cuestión prejudicial relativa a la aplicación del art. 1, apart. 1º, letra a), que regula el concepto de «servicio de comunicación audiovisual». El TJUE estableció que *«debe interpretarse en el sentido de que la definición de "servicio de comunicación audiovisual" no abarca ni una cadena de vídeos, como la controvertida en el litigio principal, en la que los usuarios de Internet pueden consultar vídeos cortos promocionales de modelos de turismos nuevos, ni ninguno de esos vídeos considerado por separado.».*

común la preocupación por tomar medidas para impedir que los menores vean mermada su salud, su desarrollo físico, mental o moral. En tal sentido, no podría haber contenido publicitario dirigido a menores de edad de productos o servicios como las bebidas alcohólicas, los productos del tabaco (que incluyen el tabaco y los vapeadores[32], los juegos de azar, alimentos insanos o bebidas energéticas; pero tampoco contenido de estos productos o servicios que pueda ser visionado por menores de edad.

5. En el Considerando 83 se hace alusión al bienestar físico y a las consecuencias negativas que puede tener el uso de plataformas en línea de muy gran tamaño o motores de búsqueda de muy gran tamaño respecto de la violencia de género (*rectius* violencia machista).

6. El art. 35 del Reglamento de Servicios Digitales, al abordar la reducción de riesgos, en su apart. j), propone como posibles medidas para ello adoptar precisamente medidas específicas de protección de los derechos de los menores como puede ser la comprobación de la edad y el control parental (control en el que se basa el régimen temprano y actual de la Directiva de Servicios de Comunicación Audiovisual). Las medidas de comprobación de la edad de los usuarios de las plataformas en línea realmente eficaces serían de especial relevancia para contenidos sobre productos del juego (de azar) o productos del tabaco o bebidas alcohólicas, evitando lógicamente el acceso al contenido publicitario realizado por influencer referido a tales productos o servicios, y su adquisición o utilización.

V. LA LEY FRANCESA SOBRE INFLUENCER: LOI N° 2023-451, DE 9 DE JUNIO DE 2023, *ISANT À ENCADRER L'INFLUENCE COMMERCIALE ET À LUTTER CONTRE LES DÉRIVES DES INFLUENCEURS SUR LES RÉSEAUX SOCIAUX*

1. La Ley francesa n.º 2023-451, de 9 de junio de 2023, *visant à encadrer l'influence commerciale et à lutter contre les dérives des influenceurs*

Actualmente sí que se aplica la Directiva de Servicios de Comunicación Audiovisual en su versión vigente a los vídeos promocionales que se viabilicen a través de plataformas digitales de contenido, como es YouTube.

32. Que son utilizados por los menores de edad y adolescentes mayores de edad como si no comportasen ningún riesgo para la salud.

sur les réseux sociaux[33] parte de una nomenclatura equivocada: no se requiere luchar contra las redes sociales y los influencers. Se trata de regular adecuadamente (no es sencillo), prevenir, y permitir a los influencers, las redes sociales y otras plataformas digitales de contenido llevar a cabo sus actividades de forma lícita[34].

2. La norma es aplicable a la actividad de los influencers de carácter comercial[35].

3. El art. 4, VII de ley francesa estudiada establece que únicamente estarán autorizadas en plataformas en línea las comunicaciones comerciales por vía electrónica sobre juegos de dinero y de azar[36] que permitan técnicamente excluir de la audiencia a los menores de 18 años. También impone que se incorpore un aviso señalando que el contenido de la publicidad se prohíbe a menores de 18 años; además, el aviso tiene que ser claro, legible e identificable (en la imagen o en el vídeo) en todos los formatos y a lo largo del tiempo que se realice la promoción. Como podemos ver, el legislador francés opta por fijar un régimen jurídico para los

---

33. BEUFORT, FRANÇOIS-XAVIER y LEGUAY, STÉPHANIE, «Digital, contrefaçon et biens numériques», en annales.org, p. 119, dan por bienvenido el texto anterior a la aprobación final de esta norma francesa (por el momento de estudio de ella), pero matizan que otorgan mayor valor al Reglamento de Servicios Digitales.

34. *Vid. Rapport d'information déposé en application de l'article 145-7 du Règlement par la Commission des Affaires Économiques sur l'application de la Loi n° 2023-451 du 9 juin 2023visant à encadrer l'influence commerciale et à lutter contre les dérives des influenceurs sur les réseaux sociaux* (registrado ante la Presidencia de la Asamblea Nacional francesa el 13 de marzo de 2023). Analiza positivamente, estudiando las ventajas de la regulación establecida en Francia. Proponiendo que sea una inspiración para la regulación en el marco europeo.

35. El art. 1 de esta ley francesa establece que será aplicable a: «*Les personnes physiques ou morales qui, à titre onéreux, mobilisent leur notoriété auprès de leur audience pour communiquer au public, par voie électronique, des contenus visant à faire la promotion, directement ou indirectement, de biens, de services ou d'une cause quelconque exercent l'activité d'influence commerciale par voie électronique.*».
    Vid. KOZLOVSKY, T. y PIQUE, R., «La loi relative aux influenceurs: spectacle(s) …», *op. cit.*, p. 240. Y LEVENEUR, C., *Recueil Dalloz*, «La loi sur les influenceurs prémices…», *op. cit.*, p. 2013-2017.
    Para más profundidad *vid.* DOUVILLE, T. y NETTER, E., *op. cit.*, «La loi sur l'influence commerciale ou le déclin…», p. 861-862.

36. Que se definen en los artículos L. 320-1 y L. 320-6 del Código de Seguridad Interior francés.

influencers que salvaguarda la posición de los menores de edad, en virtud del cual las redes sociales no podrán ocultar que el contenido está prohibido para menores de 18 años, el problema p.e cuando indica que ha de ser legible el aviso es el tamaño de la letra que puede ser usada y la compatibilidad con otros elementos propios de las distintas tipologías publicitarias y de las redes sociales, coordinado con el tamaño del dispositivo de acceso a dicha publicidad, que puede ser un móvil pequeño.

Entramos de nuevo ante la convivencia de la saturación normativa y la practicidad de las medidas impuestas por los legisladores con la protección de los menores de edad, aunque sea en un campo tan necesario como el de los juegos de dinero y de azar.

4. La actividad de los influencer puede favorecer la vida feliz y adecuada de los menores de edad. De modo que, como venimos determinando a largo de esta obra, y en este capítulo en particular, la declaración del carácter ilícito del contenido difundido en plataformas digitales que abarque a aspectos no peligrosos, en principio, lleva a que erróneamente sean o puedan ser consideradas como ilícitas las operaciones de los influencers sin serlo. La Ley francesa sobre influencers abarca demasiados ámbitos, como se pone de manifiesto respecto de los animales (que perfectamente pudieran ser el objeto de un vídeo de humor visionado por menores de edad sin dañarles, al igual que publicidad dirigida a o visionada por menores de edad sin provocarles daños)[37].

---

37. DOUVILLE, T. y NETTER, E., *op. cit.,* «La loi sur l'influence commerciale ou le déclin…», *op. cit.,* p. 865, establecen sobre esta materia que un acto publicitario que consista en la promoción de nuevos animales domésticos cuya tenencia está prohibida serían ilícitos; añadimos nosotros: lógicamente. Indican también que la ley francesa sobre influencers incorpora un texto tan amplio que pudiera prohibir casi todo.

Resoluciones judiciales

STJUE (Sala Primera) de 24 de noviembre de 2011 (Asunto C-281/09).

STS (Sala Contencioso-Administrativa) de 24 de abril de 2012 (n.º 03/3262/2008).

STS (Sala Contencioso-Administrativa) de 30 de julio de 2013 (n.º 6965/2010).

STJUE de 21 de octubre de 2015, Asunto New Media Online GmbH y Bundeskommunikationssenat, C 347/14.

STJUE (Sala novena), de 21 de febrero de 2018, Asunto Peugeot Deutschland GmbH y Deutsche Umwelthilfe eV, C-132/17.

STS (Sala Contencioso-Administrativa) 4358/2020, de 14 de diciembre de 2020.

STS (Sala Contencioso-Administrativa) 4659/2021, de 13 de diciembre de 2021.

SAN (Sala de lo Contencioso-Administrativa) de 23 de septiembre de 2022 (Id. CENDOJ 28079230012022100379).

Resoluciones y otros documentos de la comisión nacional de los mercados y la competencia

Resolución de la CNMC del procedimiento sancionador incoado a Radio Popular, S.A-Cope por el presunto incumplimiento de lo dispuesto en el art. 18.3 e) de la LGCA (de 2010) de 22 de diciembre de 2016 (SNC/DTSA/048/16/COPE).

Resolución de la CNMC de 24 de julio de 2019, en el procedimiento sancionador incoado a Mediaset España Comunicación, S.A por el incumplimiento del art. 18.2 de la 7/2010, de 31 de marzo, General de Comunicación Audiovisual (SNC/DTSA/035/19/MEDIASET).

Resolución de la CNMC de 8 de octubre de 2020 del procedimiento sancionador incoado a Atresmedia Corporación de Medios de Comunicación, S.A por incluir publicidad encubierta durante la emisión del programa El Hormiguero del día 3 de octubre de 2019 (SNC/DTSA/128/19).

Resolución de la CNMC de 19 de abril de 2022 en el procedimiento sancionador incoado a Mediaset España Comunicación, S.A por el incumplimiento de lo dispuesto en el art. 18.2 de la Ley 7/2010, de 31 de marzo, General de Comunicación Audiovisual (SNC/DTSA/077/21/MEDIA-SET).

Acuerdo de la CNMC (Sala de Supervisión Regulatoria) dictado el 18 de enero de 2024 por el que se da traslado a Autocontrol en relación con posibles usuarios de especial relevancia que incumplirían con sus obligaciones en materia de comunicaciones comerciales correspondientes a la Sección 1ª del Capítulo IV del Título IV de la LGCA (IFPA/DTSA/003/24/PUBLICIDAD UER).

Resoluciones y otros documentos del jurado de la publicidad de autocontrol

Dictamen del Jurado de la Publicidad de Autocontrol (Sección 4ª) de 28 de noviembre de 2019, Particular (Transfronteriza ASA) vs. Paulina Eriksson.

Resolución de 5 de marzo de 2021 de la Sección Séptima del Jurado, por la que se estima la reclamación presentada por un particular frente a una comunicación comercial de la que es responsable la empresa Samsung Electronics Iberia, S.A.

Dictamen del Jurado de la Publicidad de Autocontrol (Sección 4º) de 26 de abril de 2024 al hilo de la reclamación de Riverss en el asunto Bebida Riverss, Influencers.

Otros documentos

Código de Conducta sobre el Uso de Influencers en la Publicidad de Autocontrol de 2020.

Decisión 27/2017 sobre publicidad de bebidas alcohólicas en programas deportivos de radio del Consejo Audiovisual de Andalucía (CAA).

Documento sobre «La Regulación de la Publicidad del Alcohol», mayo de 2004, de la Asociación de Usuarios de la Comunicación (AUC).

Disclosures 101 for Social Media Influencers de la *Federal Trade Commission* de Estados Unidos de América (FTC).

Estrategia para el Mercado Único Digital de la UE; *vid.,* Comunicación de la Comisión al Parlamento, al Consejo y al Comité de las Regiones. Una Estrategia para el Mercado Único Digital de Europa, de 6 de mayo de 2015, COM (2015) 192 final.

FTC Requirements to Influencers.

«Influencers» Guide to Making Clear tha Ads are Ads de la *Competition and Marketing Authority (CMA), The Advertising Standars Authority (ASA)* y *The Committee of Advertinsing Practices (CAP).*

Informe del Parlamento Europeo sobre la aplicación de la Directiva de Servicios de Comunicación Audiovisual revisada, de 14 de abril de 2023 [Procedimiento 2022/2038 (NI)].

Rapport d'information déposé en application de l'article 145-7 du Règlement par la Commission des Affaires Économiques sur l'application de la Loi nº 2023-451 du 9 juin 2023 visant à encadrer l'influence commerciale et à lutter contre les dérives des influenceurs sur les réseaux sociaux (registrado ante la Presidencia de la Asamblea Nacional francesa el 13 de marzo de 2023).